이미지로 생각하는 인간

호모 이마고

일러두기

1. 숫자가 [ ]안에 표기되어 있는 것([1], [2], [3]…)은 본문의 그림 번호를, 숫자만 표기된 것(01, 02, 03…)은 후주의 번호를 지칭한다.
   예시) 황소가 있는 갤러리에서 발견된 거대한 황소와 황소 사이에 그려진 수사슴 이미지[14]는 실제 모습을 반영했다기보다 상징적 개념이 첨가된 '비실질적 이미지'[07]이다.

2. 간단한 주는 본문 중 ( )에 넣거나 *를 표기하여 부연 설명하였다.

3. 인명과 지명 등의 외래어 표기는 국립국어원 규정을 따르는 것을 원칙으로 하였다.

4. 외국어는 대부분 영문으로, 문맥상 원 지명의 언어를 살려야 하는 경우에는 해당 국가의 언어로 표기하였다. 또, 한 단어가 여러 번 등장할 경우, 가장 먼저 나오는 단어에만 외국어를 표기하는 것을 원칙으로 하였다. 단, 그 개념이 처음 등장하더라도 그 문단에서 핵심적이지 않으면 후에 표기하였고, 문맥상 필요한 경우에는 다시 표기하였다.

이미지로 생각하는 인간

호모 이마고

우성주 지음

구석기에서 그리스에 이르는 기간을 성찰의 대상으로, 때론 조밀하게 때론 담대하게 그려내는 그녀의 필치는 문화인류학자라기보다는 붓으로 그려내는 화폭의 느낌이다. 오래된 역사를 새롭게 조망하는 그녀의 글에는 오래된 싱그러움이 묻어난다. 불어 요약본만으로도 이번에 빛을 보게 된《호모 이마고》에 대한 기대는 번역본에 대한 희망을 꿈꾸게 한다.

- 문화인류학자 프랑수아 리사하그

인간은 이미지를 창조하는 존재이며 표현된 이미지로 소통하여 문명을 이루어낼 수 있었다. 인간은 '이미지적 존재'인 것이다.《호모 이마고》는 인류 문명의 근간을 이루는 특성으로서 인간의 존재적 조건에 대한 통쾌한 성찰이며, 흥미로운 학술 저서이다.

- 문화평론가 박종욱

사회문화의 조건과 특징은 이미지 코드로 함축된다. 인간의 사회적 조건과 인류 문명의 흥망성쇠의 근간을 파악하는 코드는 이미지를 통해 증폭되기

때문이다. 《호모 이마고》는 사회문화의 코드로서 이미지의 의미를 잘 드러
낸다. 고전에 대한 연구 서적이 갖는 경직되고 구태의연한 시점을 지혜롭게
극복하고, 유연하고 개방된 연구자의 시점은 독자에게 인류 문명의 본질에
있어서 이미지가 갖는 의미에 대해 신선하면서도 진지한 시각을 제공한다.
우리가 쉽게 잊고 있던 관계의 의미, 역사와 문명의 고리에 있어서 이미지
가 차지하는 중요성과 가치를 구체적이고 흥미로운 의미와의 관계에서 인
간의 조건에 대한 인류학적 시각과 사회문화적 성찰을 제공한다.

- 문화인류학자 데이비드 최

21세기 디지털 시대,
왜 다시 이미지의 역사를 논하는가

우리는 모두 이미지로 생각하는 인간, 호모 이마고이다

"아침엔 네 발로, 낮엔 두 발로, 밤엔 세 발로 걷는 짐승은?"

스핑크스의 수수께끼와 오이디푸스Oedipus 신화는 이렇게 시작된다.[1], [2] 여성의 얼굴과 가슴, 사자의 몸통, 독수리의 날개, 뱀의 꼬리를 가진 괴물인 스핑크스는 테베Thebae의 바위산에 앉아 통행인이 지나갈 때마다 수수께끼를 내었다. 수많은 사람들이 수수께끼를 풀지 못해 스핑크스의 먹이가 되던 어느 날, 운명의 길목을 지나던 오이디푸스에 의해 행인들의 죽음은 막을 내린다. 오이디푸스는 '그건 바로 인간이다. 인간은 갓난아기일 때는 두 손과 발로 기어 다니다, 성장하며 두 발로 걷게 되고, 나이가 들어 늙으면 다시 지팡이를 짚고 세 발로 걷기 때문이다'라고 답하였고, 해답을 들은 스핑크스는 바로 바위산에서 스스로 목숨을 끊어버렸다.

스핑크스의 수수께끼야말로 인간의 특징과 동물과의 차이점을 잘 보여주는 예이다. 직립원인直立猿人이라 불리는 '호모 에렉투스Homo Erectus'부터 인간은 직립보행을 통해 뇌를 비롯한 여러 신체적 조건을 갖추면서 정신적 활동을 하게 되었다. 그 결과, 생각하는 인간인 '호모 사피엔스 사피엔스Homo Sapiens Sapiens', 즉 현생인류가 시작되었다. 이처럼 직립보행을 하고, 생각을 표현하고, 소통하며 사는 존재가 바로 인간이다.

인류는 소통을 위해 이미지와 문자를 사용해왔으나, 문자보다는 이미지로 표현하는 일이 더 많았다. 이미지는 우리가 가지고 있는 기억과 생각, 의식과 꿈의 무의식 세계, 그리고 얼굴 표정과 제스처에 이르기까지 무한한 영역에 펼쳐져 있다. 형태와 색깔로 이루어진 이미지는 '보이는 의미'뿐 아니라 '보이지 않는 의미', 즉 상징적이고 은유적인 의미까지 포함하고 있어 하나의 이미지 속에 내재된 의미는 무수히 많다고 할 수 있다. 인간은 이런 이미지를 통해 사유하고 존재하므로, 여기서는 도구를 사용하는 인간 '호모 파베르Homo Faber', 유희하는 인간 '호모 루덴스Homo Ludens' 등과 더불어 현생인류의 특징을 하나 더 규정지어보려 한다.

'호모 이마고Homo Imago'는 '이미지 인간'을 말한다. 인류를 지구상의 다른 종種과 구분해주는, 21세기의 대표적인 인간에 대한 인지적 접근 중 하나가 바로 호모 이마고, 즉 우리가 생각하고 느낀 것을 이미지로 탄생시키

[1] 적색 도기에 묘사된 오이디푸스와 스핑크스. 기원전 5세기(왼쪽)

[2] 〈스핑크스의 수수께끼를 설명하는 오이디푸스〉장 오귀스트 도미니크 앵그르(Jean-Auguste Dominique Ingres). 1808년(오른쪽)

는 '이미지로 생각하는 인간'이다. 예를 들어, 사랑에 대한 개념과 느낌은 그 단어에 대한 사전적 풀이보다는 연인이 함께하는 사진이나 아기를 돌보는 엄마의 이미지를 통해 효과적으로 전달된다. 기업의 광고도 매출 실적이나 생산성에 대해 말하는 것보다 고객의 마음을 사로잡는 이미지를 보여줌으로써 설득력을 얻는다. 자신의 이상형을 설명하기 위해 수치나 정보를 나열하는 사람은 거의 없다. 대부분의 사람들은 이미지 조합을 통해 나만의 이상형을 그려보기 마련이다.

멀리는 쇼베와 라스코, 알타미라 동굴벽화에서, 가깝게는 현대 도시 벽면의 그라피티graffiti나 티셔츠의 문양에서 드러나는 것처럼 인간은 이미지를 통해 삶의 본질 면면을 사유하고, 소유하며, 소통하는 존재이다. 이런 특징은 인류가 문화를 만들고 문명을 이루며 살아가도록 하는 창조적 동력이며, 인간의 본질적인 독창성이라 할 수 있다. 이미지로 생각하는 인간Homo Imago은 내면에 오롯이 떠오르는 생각을 개인과 사회가 가진 문화와 예술적 코드가 내포된 이미지로 탄생시킨다. 따라서 이미지는 앞으로도 인류의 문명을 지속해나가는 원동력이 될 것이다.

21세기를 살고 있는 현대인들은 라스코 동굴벽화보다 영화 〈아바타 Avatar〉(2009년) 속 이미지에 더 친숙할 것이다. 그러나 문화예술의 이미지로 넘실대는 바닷속을 들여다보면, 완벽하게 새로이 탄생한 이미지는 존재하지 않는다고 해도 과언이 아니다. 사실 〈아바타〉에 등장한 나비족의 모습은 기원전 8000년경에 나타난 암각화와 트로이 시대의 이미지에서도 만나볼 수 있다.

감히 범할 수 없는 처녀의 입김처럼

혹은 태양의 영원한 보금자리처럼

영원히 죽지 않는 신들이 살고 있는 성스러운 장소처럼

언제나 빛이 꺼지지 않는

정상에 대한 그리움과 호기심은,

멀리 떨어져 인간의 눈으로는 도저히 잡을 수 없는

희미한 연기와도 같은 존재는

인류에게 일찍이 꿈을 꾸게 하였다.

높은 산꼭대기 태양 빛에 반짝이는 그곳은

실질적인 공간이며 눈으로 확인할 수 있지만

그곳을 바라다보며 싹튼 인간 내면의 상상 속 공간은

비실질적인 이야기들로 가득 차게 된다.

이것이 신화의 탄생이다.

'아는 만큼 보인다'라는 말이 있다.

좋아하고 즐기며 아끼는 형상이라면

시력이 나빠도, 아주 멀리 떨어져 있어도

그 이미지만은 살아서 춤추듯 다가온다.

인류는 시작과 함께

자신들이 생각하고 고뇌하며 섬기는 그 어떤 형상들을

눈으로 확인되는 이미지들 중

'성스러운 그 어떤 것'으로 내어놓는다.

[3] '생명의 나무'가 새겨진 부조. 멕시코 마야문명

[4] 인류의 보편적 인식 속에 자주 등장하는 '생명의 나무' 이미지: 이집트 테베의 세누퍼(Sennefer)의 무덤에서 발견된 그림. 연꽃과 공물에 둘러싸인 불사의 존재 뒤로 생명의 나무가 만개되어 있다.

[5] 에트루리아의 접시(cup)에 등장하는 '생명의 나무' 이미지. 기원전 6세기

이미지image, 상징symbol, 신호sign, 상상imagination, 은유metaphor 등의 단어가 갖는 공통점은 무엇일까? 과거로부터 현재까지 상징과 신호, 상상, 은유의 표현으로서 출현한 이미지들은 사회·문화·예술에 관한 살아 숨쉬는 정보를 준다. 또한 그 이미지들이 개인과 집단 혹은 사회문화적 차별에 의해 끊임없이 만들어지고 통용되고 소멸하고 또다시 생성되는 과정은 이 순간까지도 진행되고 있다. 이미지는 생성과 소멸이라는 연속적인 변화에 의해 커뮤니케이션의 도구로서 '징표'와 '신호'로 나타나기도 하고, 반복과 재현에 따라 '상징적 의미' 혹은 '상상'에 의한 '은유적 표현'을 드러내기도 한다.

인류의 보편적 심성에 등장하는 '생명의 나무' 이미지[3], [4], [5]는 성스러운 장소를 상징하며, 삼계를 잇는 '우주목'으로 연결된다. 이 우주목의 상징성은 문명의 시작과 더불어 이집트의 피라미드를 낳았다. 지상에서 보이는 피라미드는 끝이 뾰족한 삼각형 구도를 하고 있지만,[6] 지하는 시신을 매장하고 영생에 대한 준비를 하는 공간으로 설정되어 있어 '뿌리'로 돌아가는 연결 통로의 역할을 한다. 마야의 계단식 피라미드[7] 역시 이러한 상징성을 갖고 있다. 성서에 등장하는 바벨탑 이미지[8]에서도 우주목에 대한 인류의 보편적인 인식과 그 속에 내재된 나무의 상징성을 엿볼 수 있다.

이미지 하나에도 인류의 과거와 미래가 담겨 있다

오랜 시간 이미지 연구에 매진해온 나의 뇌리 속에 자리 잡은 의문은 동서고금을 막론하고 공통적으로 표현되는 이미지의 출현에서 시작되었다. 그렇다면 이 사실은 인류의 보편적 의식에 내재된 '문화원형'이 존재한다는 것을 의미할까? 그럼 그 연구 수행을 위해 어떻게 접근할 것인가? 그리고 연구 결과는 과연 21세기 디지털 시대에 어떤 의미를 줄 수 있을까? 이러한 질문에 대한 연구를 위해 두 가지 관점을 유지할 것이다.

첫째, 인류 문화에 내재된 신화와 종교, 예술의 이미지와 상징이 과거로부터 지금까지 어떻게 표현되어 왔는지, 그리고 그 이미지들이 의미하고 상징하는 것은 무엇인지, 즉 '문화원형Cultural Archetype'에 대해 탐색하고자 한다. 인류가 지구상에서 자연과 공존하며 얻은 근원적 심상을 표현한 양식style은 끊임없이 다양한 모습으로 변형되어 왔지만 '지속적인 의미의 원형' 역시 계속해서 존재해왔다. 그러므로 하나의 문화원형을 탐색하기 위해서는 우선 그 문화가 속한 자연환경과 사회환경을 추적해야 한다. 즉, 동일한 시공간에서 역사적 체험을 함께한 인간들의 근원적 기쁨과 슬픔, 불안과 희망 등에 대한 메시지가 이미지들을 통해 어떻게 반복적으로 재현되어 시대를 거치며 변형되어왔는지 더듬어가야 하는 것이다. 그것이 하나의 의미이든 하나의 오브제objet이든 연속적 의미를 가진 이미지들의 상징적 형태를 추출하여 분석하는 것이 바로 '이미지 코드'를 통해 문화원형을 찾는 방법이다.

문자가 출현하기 전 구석기시대에 그려진 라스코 벽화의 이미지는 문자의 역할까지 동시에 수행하고 있다. 벽화에 그려진 들소와 남자의 관계, 그리고 그 둘 앞에 서 있는 새 형상을 한 솟대의 의미는 무엇일까? 그들은 왜 그러한 이미지를 깊고 어두운 동굴 속에 표현하였을까? 우린 구석기인들이 남긴 이미지를 통해 그들이 표현하려 했던, 자신보다 몸집이 더 크고 웅장한 짐승들에 대한 인식 및 종교적 심성과 만날 수 있다. 그리고 자연에 대한 절대적인 숭배와 경이로운 마음을 표하면서, 이와 공존했던 불안과 공포를 극복하기 위해 치른 제례의식은 어떻게 행해졌는지 등과 같은 연구를 통해 인류의 근원적 심상이 남긴 메시지도 들을 수 있다. 신석기시대 암각화에 새겨진, 머리를 풀어 헤친 여인의 형상은 자연의 모습을 상징화한 것이며, 자연을 여성으로 대체한 그들의 사고는 신화에 깃든 여성성에 대한 인식으로 이어진다. 이처럼 인류가 남긴 이미지에는 그 시대 그 공간만이 갖고 있는 독특한 메시지가 분명 존재함에도 불구하고, 시공간을 초월한 절대적 표현의 동일성 또한 내재되어 있음을 부정할 수는 없다.

[6] 이집트 기자(Giza)에 있는 쿠푸(Khufu)·카프레(Khafre)·멘카우레(Menkaure) 왕의 피라미드는 고대세계에서도 이미 세계 7대 불가사의 중 하나였다.

[7] 중남미 마야족이 건조한 치첸이차(Chichen Itza)의 계단식 피라미드

[8] 피테르 브뤼헐(Pieter Bruegel the Elder)이 그린 〈바벨탑〉(1563년): 성서에 기록된 일곱 층의 전설적인 바벨탑을 그린 것으로, 일곱 개의 행성을 섬기고 지상과 하늘을 잇는다는 의미를 갖고 있다.

둘째, 이미지 코드로 문화원형을 찾는 방법론을 그리스 시대의 문화원형 탐색에 적용하여 풀어보았다. 필자가 20년 넘게 연구하면서 정리해온 그리스 문화예술에 대한 이미지 코드 탐색 작업들을 토대로, 이집트·메소포타미아·크레타·미케네 문명 속에서 답습과 교류, 충돌과 협력, 배타와 조화 등의 문화적 현상이 남겨진 이미지에 어떻게 나타나는지 기술하였다. 필자는 반복적 재현을 통해 상징으로 구체화되는 이미지 코드를 탐색하여 하나의 문화원형을 찾는 작업을 오랜 기간 해오고 있지만, 인류가 남긴 이미지들은 마치 거대한 퍼즐과도 같아 매번 끝나지 않는 전체를 위해 아주 미세한 조각들을 맞추고 있는 듯한 느낌이 든다. 그러므로 인류가 남긴 이미지 중에서도 아직 여러 가설 및 상징의 의미가 정리되지 못한 것들을 중심으로 다루고자 한다. 그리고 신화와 종교, 예술로 표현된 이미지들을 신화학과 종교, 예술사, 정신분석학, 문화심리학, 미학의 담론으로 해석하고 풀어갈 것이다.

이러한 연구는 궁극적으로 이미지에 대한 해석을 통해 21세기를 보다 더 잘 이해하고, 나아가 어떻게 하면 급격한 근대화 과정에 의해 소실된 한국 문화의 정체성을 확립하는 데 쓰일 수 있을지, 21세기 디지털 시대 이후 인류의 궁극적인 문화의 방향은 어디로 어떻게 움직이게 될지 탐색해보기 위한 것이다. 그리고 위 두 관점으로 바라본 오리엔트, 이집트, 그리스의 발자취를 통해, 숱한 세월의 흐름에도 불구하고 21세기 서구인들에게 관습 또는 습관처럼 무의식에 내재된 심상을 찾아, 서구 문명을 보다 '바로 알고' 폭넓게 이해하는 데 보탬이 되도록 하기 위한 것이다.

제임스 캐머런James Cameron 감독의 영화 〈아바타〉가 한국에서도 종횡무진할 수 있었던 이유는 무엇일까? 시선을 사로잡는 3D 기술 때문이었을까? 물론 성공 요인에 관한 분석은 보는 이들에 따라 사뭇 다르겠지만 필자는 이 영화의 흥행을 통해 긍정적인 에너지를 확인하고 적잖은 흥분까지 느낄 수 있었다. 인류가 가진 보편적 의식에 의해 꿈꾸는 '이미지 동산'이 과

거의 긴 시간여행을 통해 지금 우리 앞에 새로운 모습으로 등장했기 때문이다. 동양과 서양의 인식 차이, 강대국과 약소국이라는 차별을 초월하는 '인류'라는 거대한 하나의 공동체만이 함께 느끼는 '그 무엇', 즉 '문화원형'에 의해 모든 세계인들이 고개를 끄덕인 셈이다. 생명의 무한복제와 무한보급, 무한재생이 가능한 시대를 꿈꾸며 살고 있지만, 우리의 내면 깊숙한 곳에는 여전히 수렵시대의 '원시적 심성'을 그리워하며 정체성을 찾기 위해 고뇌하는 마음이 들어 있음을 알 수 있었다. 앞으로 지금보다 한층 더 진화된 테크놀로지technology의 변화가 찾아오더라도 거기에 충분히 만족할 수 없음은, 아마도 우리 자신 가운데 누구도 생명과 인류의 원형이 어디로부터와 어디로 가는지 모르기 때문은 아닐까.

호모 이마고, 즉 이미지 인간에는 인류의 미래가 내재되어 있다.

우 성 주

차례

01 이미지의 탄생

이미지와 역사

03 이미지와 문명

이미지는 초기 인류가 삶을 영위하며 느끼고, 배우고, 습
득한 삶의 지혜와 지식들을 기억하고 남기기 위한 도구
로 탄생되었다. 그리고 가장 기원이 되는 문명은 '생명과
죽음이라는 이중법을 어떻게 이해하고 받아들였는가'에
의해 다양한 형태의 유적과 유물들을 이미지로 남겼다.
그러므로 무덤의 형태, 시신과 함께 매장된 부장품, 시신
처리 방식 등을 통해 우리는 인류 문명의 태동을 엿볼 수
있으며, 멀고 먼 과거의 문화에 대해 이해하고 과거와 현
대의 커뮤니케이션까지 가능하게 한 것이다.

이미지의 탄생

들어가는 말

이미지란 무엇인가? 인간은 태어나면서부터 말과 문자보다 이미지로 먼저 커뮤니케이션을 하게 된다. 갓 태어난 아기는 엄마의 얼굴 표정과 몸짓, 제스처로 세상과 만나고 소통을 시작하기 때문이다. 이처럼 이미지는 오랜 시간 동안 우리들의 곁에 너무나 가까이 친숙하게 존재하기에, 문자에 대해 인식하는 것만큼 민감하게 반응하지 않는 경우도 종종 발생한다. 하지만 얼굴 표정과 몸짓, 제스처만 보더라도 자신도 모르는 감추어진 마음이 나타나기도 하여, 감추려 하면 할수록 더 생생하게 드러나는 것 역시 이미지이기도 하다. 이렇듯, 우리의 가려진 감성과 기억까지도 관장하는 이미지는 인류의 가장 기본적인 커뮤니케이션의 도구이다. 따라서 이미지의 범주는 우리가 생각하는 것보다 훨씬 광범위하고 포괄적이다.

우선 앞으로 다루어나갈 '이미지'의 개념부터 정의해보자. 이미지의 의미는 단순하게는 시각적으로 보이는 이미지, 복잡하게는 이미지 뒤에 숨겨진 상징에까지 확장될 수 있다. '시각적 이미지'는 색과 형태에 의해 시간과 공간마다 의미가 달라질 수 있지만, 같은 문화권 내 사람들끼리는 비교적 쉽게 공유가 가능하다. 반면에 '상징적 이미지'는 사회 · 역사 · 문화 전반에 걸친 폭넓은 안목과 지식이 없으면 그 의미를 분석하기 힘들다. 이미지는 하나의 신호sign 혹은 기호이며, 의미signification를 가지고 있기 때문이다.[1]

초기 인류의 동굴벽화에서부터 현대의 디지털 영화와 예술에 이르기까지, 인류의 사회문화적 단면은 이미지를 통해 표현되어 왔다. 문자가 존재하지 않았던 선사시대의 동굴벽화는 베일에 가려진 구석기시대 문화의 흔적을 고스란히 담고 있으며, 문자가 발달된 21세기에도 비디오게임을 비롯한 다양한 문화가 이미지로 기록되고 있다. 이처럼 이미지는 인류의 오랜 이야기를 기록하고 있는 기호이며 상징적 의미를 내포하고 있어, 인류의 원형적 심상과 개별 고유문화의 특징을 동시에 간직한 코드code로 볼 수 있다.

초기 인류는 자연환경에 적응하며 삶을 영위하기 위해, 지형과 기후에 맞게 집을 짓고, 먹을 것을 구하기 위해 고군분투하는 과정에서 얻게 된 정보들을 이미지를 통해 기록하였다. 서로 다른 문화권에 속한 사람들은 저마다의 풍부한 경험과 역사적 배경에 의해 서로 다른 이미지를 남겼고, 더불어 다양한 의미를 갖게 되었다.

인간은 말과 문자, 그림을 그릴 수 있는 유일한 동물로, 서로 간의 커뮤니케이션을 바탕으로 새로운 인식을 불러일으키고, 끊임없는 반복과 재현 과정을 통한 창의적 결과물로 하나의 기호sign 체계를 만들어낸다. 문자가 생겨나기 전 이미지는 문자 그 이상의 역할을 수행하였기에 수렵사회는 상징의 무한한 의미가 활발했던 사회였다. 따라서 이미지 코드는 서로 다른 문화권에서조차 동일한 상징적 의미를 전달하는 메시지 역할도 담당한다.

이미지에 완벽한 창조란 없다. 다만 끊임없는 재현과 반복만 있을 뿐이다.

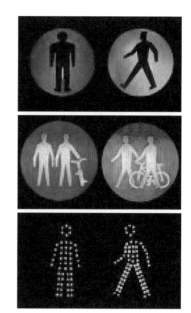

[1] 세계의 신호등 표시판: '시각적 이미지'와 '상징적 이미지'를 동시에 보여주는 예로, 다양한 형태의 표현임에도 불구하고, 빨강과 파랑의 신호등 표기는 공동의 사인을 가지고 있다.

1. 이미지와 인류 문명의 태동

수렵인들은 왜 무덤을 만들었을까

인류의 조상이 오랑우탄Orangutan: 말레이어로 숲의 사람이라고 주장한 다윈 Darwin의 '진화론'적 입장[2]에서 인류의 신체적 변화 추이를 생각해보자. 나무에 기거하며 다리만큼이나 긴 팔을 가졌던 인류의 시조가 지금의 현생인류와 가깝게 될 수 있었던 것은 어떤 계기를 통해서였을까? 두 발로 직립보행을 하게 된 일이었을까 혹은 불의 사용이었을까? 문자의 발명이었을까? 바람이나 별의 운행에 대한 지식을 갖게 되면서부터일까? 무엇보다 획기적이고 주목할 만한 사건은 아마도 '나무에서 내려오는 행위' 그 자체였을 것이다. 인류는 나무에서 내려와 두 발로 직립보행을 시작하면서부터 두 손을 자유롭게 사용하게 되었고, 그에 따라 두뇌는 혁신적으로 변하기 시작했다. 인류의 숱한 업적 중 이처럼 '위대한 일'은 일찍이 없었으며, 나무에서 내려오기까지 걸렸던 시간은 지구상에 인류가 생존하게 된 이래 그 어떤 일보다 가장 많은 시간이 소요된 사건이었다.

이란의 자그로스Zagros 산맥 골짜기에서 발굴된 기원전 1만 년 전의 네안데르탈Neanderthal인의 무덤을 통해 우리는 머나먼 과거, 인류의 삶과 죽음에 대한 메시지를 들을 수 있다. 무덤에는 약 20세가량의 소아마비 장년(수렵시대 인류의 평균 연령은 20세 전후였다)의 시신과 함께 그 위아래를 꽃으로 장식한 매장의 흔적이 남아 있다. 원시인들은 현現 인류처럼 지혜롭지도 않았고 문명도 지식도 없었다고 생각하는 우리에게 이 무덤은 많은 생각을 던져준다.

시신을 매장하였다는 것은 삶과 죽음에 대한 의식이 존재하였다는 것을 의미하며, 이는 곧 철학적 인식이 있었음을 말한다. 보이지 않고 손에 잡히지 않는 죽음에 대해 그들 역시 '어떤 생각'을 하였음을 의미하는 것이다. 함께 있던 존재의 죽음을 그들은 어떻게 감당하였을까? 생명이 있어 빛나던 눈빛과 손짓은 여전히 가슴속에 기억되고 있는데 눈앞에 차디찬 시신으로 누워 있는 존재를 그들은 어떻게 이해하였을까? 머리로는 받아들일 수밖에 없고 저항하여도 어찌할 수 없다는 것을 알고 있지만, 싸늘히 식은 시신의 차가움을 뜨겁게 뛰는 심장이 어찌 받아들일 수 있었을까? 며칠 낮과 밤이 바뀌어도 한 번의 미소微小한 몸짓조차 없는 차가움 앞에, 살아 있는 이가 할 수 있는 것은 무엇이었을까? 포기도 책망도 아닌, 작은 표시sign로 무덤을 만들어 죽은 이에 대한 기억을 자신들의 가슴에 묻었으리라.

이처럼 무덤은 살아 있는 이들의 '기억memory'에 대한 이미지로서 나타나기 시작했다. 매장 혹은 화장한 시신을 위해 무덤을 만들고 죽은 이를 보내는 의례는 산 자者들의 가슴에 맺힌 슬픔을 달래주고, 죽은 이에 대한 '기억'을 영원히 간직하기 위한 에너지를 제공해주었을 것이다. 마치 지금의 우리가 장례의식을 치르는 삼일 동안 죽은 이에 대한 슬픔을 위로하고 다시 현실세계로 돌아가 평소처럼 일을 하며 지낼 수 있도록 마음의 준비를 하듯이 말이다.

기원전 4000년경에는 죽은 이를 '기억'하기 위한 '표시'로 단순히 구덩이를 파 시신을 묻은 다음 그 위를 주변의 흙이나 작은 돌멩이들로 덮어 고인돌Dolmen을 만들었다. 그러나 시간이 갈수록 살아생전의 사회적 위치와 계급에 따라 그 구덩이의 규모는 달라졌다. 높은 지위를 가진 사람들은 부장품과 함께 매장되었으며, 주변에서 가장 크고 멋진 돌들이 동원되는 등 여

[2] 19세기 다윈의 진화론의 등장은 인간의 존재를 땅 밑으로 추락시킨 일대의 사건으로 그 당시 다윈을 비웃는 위와 같은 삽화들이 난무하였다.

© Hwang Namwi

[3] 영국 솔즈베리(Salisbury) 근교에서 발굴된 스톤헨지는 높이 8m, 무게 50t 인 거대 석상 80개가 모여 있는 모습이다. 스톤헨지는 두 개의 석재를 사용하여, 안쪽의 유문암 서클과 바깥쪽의 현무암 서클로 이루어져 있다. 이곳은 이미 1950년대에 발굴되어 고대인들의 무덤이니 제례의식 장소니 하는 여러 설이 난무했지만, 21세기 연구팀들이 조사·연구한 바로는 기원전 3000년경에 건조되기 시작해 기원전 2500년까지 고대 왕족의 매장 장소로 사용된 것으로 추측되고 있다. 현재까지 스톤헨지에서 발굴된 탄화된 뼈들을 조사한 결과, 240여 구의 시신들이 화장되어 매장된 것으로 밝혀졌다.

* 환상열석(環狀列石) 유적. 거대 석상들이 일렬로 배열되어 있지 않고 둥근 고리 모양으로 배열된 형태의 유적지

러 형태로 바뀌어갔다. 이처럼 삶의 터전이 내일 당장 바뀌더라도 오늘 죽은 이에 대한 '기억의 표시'로 무덤이 탄생한 것이다. 그렇게 시작된 하나의 무덤은 여러 개 혹은 수십 개가 함께 모여 한 사람 혹은 240여 명을 같은 장소에 묻는 스톤헨지Stonehenge*처럼 나타나기도 하였다.[3] 즉, 몇몇의 사람들이 무리 지어 살다가 군집을 이루고 부족사회를 만드는 패턴에 따라, 죽음을 기억하기 위한 장소만이 아니라 각 시공간별 집단의 문화를 엿볼 수 있는 곳으로 거듭나게 된다.

구석기인들은 눈에 보이는 것이 아니라 그들이 알고 있는 것을 그렸다

인간에게는 누구나 자신의 생각을 타인과 공유하고자 하는 욕구가 있으며, 이러한 욕구를 행위로 드러내기 위해 재료나 색상, 언어나 몸짓, 소리 등을 사용한다.[01] 하지만 그렇다고 하여 누구나 예술가가 될 수 있는 것은 아니다. 특히 예술가가 남긴 작품은 단순한 생각이 아니라 '표현된 생각'이

며, 생각과 감정들이 숙련된 기법과 솜씨로 결합하여 완성될 때 비로소 예술작품이 탄생되기 때문이다. 따라서 예술과 문화는 분리되어 있지 않고 서로 상호작용 및 상호보완하는 개념이다.

이미지의 '상징적 기호'는 인류의 무의식에 저장된 인식이 무엇인지 알려주므로 문화 연구에 있어 중요한 키워드이다. 따라서 이미지가 제작된 시대의 사회문화적 환경에 대한 분석과 더불어 신화, 종교, 심리학 등 다각적 측면에서의 연구가 필수적이다. 미국의 문화인류학자 마거릿 미드Margaret Mead의 주장처럼 이미지 기호에는 문화의 제도와 가치 등 개인의 행동 및 의식까지 규정하는 상징적 의미가 내포되어 있기 때문이다.

인류가 남기거나 제작한 오브제 하나도 사회의 약속, 계약, 규율 등 여러 의미가 함축된 상징적 이미지이므로, 이를 통해 당시 사회제도의 변화도 읽을 수 있다. 특히 구석기시대 동굴벽화 이미지들에 대한 주된 관점은 엘리아데M. Eliade의 주장처럼, 인류의 집단무의식에 깔려 있는 '문화원형'의 근원적인 해석을 찾아볼 수 있는 토대이자 이미지의 상징적 가치와 다양한 이야기들로 연관된 의례의 기능을 가진 기호로 바라보는 것이다.[02] 이 시기에 유럽의 크로마뇽Cro-Magnon인들이 시신을 매장한 흔적도 있어, 원형적 형태의 종교와 예술 행위가 있었음을 짐작할 수 있다. 그러나 구체적인 기록이 존재하지 않았던 시대이기에, 남겨진 동굴벽화의 이미지만으로는 그들이 무엇을 어떻게 사고하였는지 그 의미를 분석하는 데 한계가 있을 수밖에 없다.

후기구석기인들이 남긴 이미지들은 주로 스페인 북쪽 알타미라Altamira와 프랑스 남서쪽인 라스코Lascaux, 퐁드곰Font-de-Gaume, 레콩바렐Les Combarelles, 니오Niaux, 레트루아프레르Les Trois-Frères에 분포되어 있다.[4] 인간의 자아의식의 발현으로 표현된 구체적 이미지들이 다수 등장한 까닭에 이곳을 후기구석기시대의 '예술의 중심지'라 일컫는다.[03]

일부 인류학자들은 "구석기인들의 예술 행위는 인류 최초의 마음을 표현

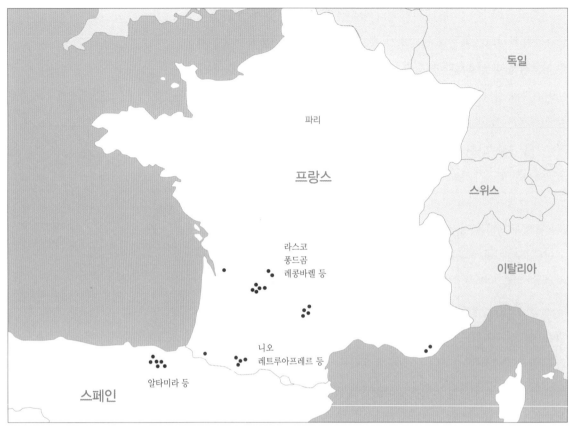

[4] 스페인 북쪽과 프랑스 남서쪽에 크로마뇽인들이 남긴 후기구석기시대 동굴벽화들이 밀집되어 있다.

한 것이지, 원시적인 마음을 나타낸 것이 아니다."라고 주장한다. 아널드 하우저Arnold Hauser도 "구석기인들의 예술은 감각의 소산이 아니라 이지의 소산이며, 그들은 눈에 보이는 것이 아니라 그들이 알고 있는 것을 그렸다."라고 했다. 즉, 그들의 벽화는 현대 예술의 시각으로만 해석되어서는 안 되며, 오히려 문화인류학적인 시각으로 보아야 한다는 것이다.

후기구석인들이 벽화를 그리기 위해 굳이 라스코 동굴을 선택하고, 동굴 내부에서도 아무 곳이 아닌 '지정된 장소'에 '선택된 동물'들을 그려놓았다는 사실을 통해 그들만의 사유체계가 존재했음을 엿볼 수 있다. 원시적 전통을 이어오고 있는, 현존하는 원시 전통사회의 의례 행위를 보더라도, 아무 장소에서 아무나 의례를 주관하지 않는다는 것을 알 수 있다. 그들은 주변세계를 하나의 소우주로 인식하고 있으며, 서로 어울려 '생활하는 공간'과 친숙한 공간 너머에 있는 '낯설고 두려운 미지의 공간'을 확연히 구분한다.

그러므로 이미지는 초기 인류가 삶을 영위하며 느끼고, 배우고, 습득한 삶의 지혜와 지식들을 기억하고 남기기 위한 도구로 탄생되었다. 그리고 가장 기원이 되는 문명은 '생명과 죽음이라는 이중법을 어떻게 이해하고 받아들였는가'에 의해 다양한 형태의 유적과 유물들을 이미지로 남겼다. 그러므로 무덤의 형태, 시신과 함께 매장된 부장품, 시신처리 방식 등을 통해 우리는 인류 문명의 태동을 엿볼 수 있으며, 멀고 먼 과거의 문화에 대해 이해하고 과거와 현대의 커뮤니케이션까지 가능하게 한 것이다.

또한 죽은 자들을 위한 이정표로서의 이미지만이 아니라, 산 자들을 위한 이미지도 존재하였다. 다음 장에서는 이미지의 상징적 기호를 통해 통과의례, 샤먼, 성인식, 사냥꾼 등이 왜 생겨났으며, 그들이 각각 수행한 사회적 역할 등을 살펴봄으로써 초기 인류의 문화원형에 대해 알아볼 것이다. 샤먼은 구석기시대의 사회 지도자이자 종교적·의학적 힘을 가진 자로, 신과 인간, 인간과 인간을 이어주는 영적인 존재였다. 그러므로 앞으로 보게 될 이미지의 표현과 상징성을 통해 원초적 인간의 내면에 잠재된 사회성(권력지향적인 복종과 타협)과 새로운 사회의 리더에 대한 강력한 바람(신적인 존재나 그를 닮은 존재, 영웅의 탄생을 늘 기대)이 어떻게 공존하였는지 확인할 수 있을 것이다. 또한 통과의례와 샤먼의 이미지를 통해 인간의 문화적 소산, 즉 사회구조와 패턴, 역할의 진보성 등을 발견함으로써 인류 전체가 공유할 수 있는 그림의 퍼즐을 맞춰나갈 것이다.

2. 라스코 동굴벽화에 깃든 신성성

그들은 왜 눈에 띄지 않는 곳에 벽화를 남겼을까

　현대의 뇌과학 연구에 의하면 '단기기억'의 경우 길게는 며칠, 짧게는 몇 시간이 지나면 자연스럽게 사라진다고 한다. 이러한 한계로 인해 많은 사람들은 학습을 통해 배운 것, 꼭 기억해야 할 일을 뇌 속에 '장기기억'으로 머물게 하는 방법에 관심을 기울여왔다.[5] 쉽게 얻은 정보와 지식은 오랫동안 기억되기 어렵지만, 힘든 과정을 겪은 후에는 그 기억이 훨씬 오래 가기 마련이다. 잊혀지면 안 되는 기억, 인간의 삶과 죽음에 관련된 지식과 지혜를 간직하기 위해 우리는 여러 가지 방어기제와 장애물을 설치하여 단기기억을 장기기억으로 끌어올리려 애쓴다.

　이미지 역시 단기기억을 장기기억으로 만들고 일상의 사소한 기억에서부터 삶의 중요한 기억들까지 끌어내기 위한 일환으로 탄생했다고 볼 수 있다. 그러므로 구석기인들은 누구에게나 개방되거나 쉽게 드러나는 일상적인 공간이 아닌 '특별한 공간', 즉 '신성한 공간'을 찾았다. 그리고 그 특별한 공간을 방문할 수 있는 시간과 사람들을 제한하였다. 다시 말해 선택한 공간(공간의 신성성)과 선택한 시간(시간의 신성성), 선택한 사람(인물의 신성성), 이 세 가지 조건이 겸비될 때만 삶의 지혜와 지식을 비밀스레 전수받을 수 있도록 한 것이다.

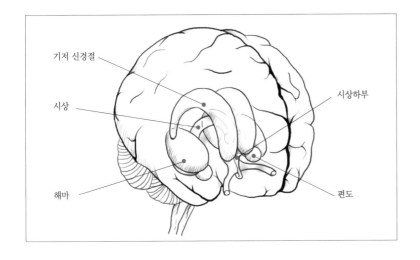

기저 신경절

시상

해마

시상하부

편도

하지만 누구에게나 그 자격이 주어지는 것은 아니었다. 어떠한 상황에서도 위험을 감수할 수 있는 용기가 있는지를 알아보는 테스트를 통과한 이들만 이러한 특권을 누릴 수 있었다. 현대 인지심리학에서 연구한 '상과 체벌의 관계'가 성립된 통과의례를 수행한 이들에게만 새로운 사회의 리더가 될 수 있는 자격을 부여했던 것이다.

후기구석기시대가 열리면서 인류는 이전 시대에서는 찾을 수 없었던 통과의례에 대한 일련의 이미지들을 만들었다. 수렵 생활로 의식주를 해결하는 과정에서 인간은 자신과는 다른 존재인 동물, 식물 등 그들을 둘러싼 생태에 눈을 뜨기 시작했고, 이로써 새로운 제례의식이 등장했기 때문이다. 낮과 밤의 교차로 인한 일조량과 계절의 변화, 가뭄과 홍수와 같은 자연현상의 경이로움, 동물과 식물 세계의 오묘함, 하늘과 땅의 신비로움 등이 인류에게 새로운 과제로 다가왔던 것이다. 우리는 동굴벽화에 남겨진 이미지를 통해 이러한 사고를 확인할 수 있으며, 통과의례가 중요한 사회적 의식이었음을 알 수 있다. 따라서 구석기인들은 그 지역에서 가장 안전하고 신성한 장소에, 그들이 두려워하면서도 경이롭게 여겼던 여러 동물들의 다양한 포즈와 형태를 이미지로 표현하였다.

새로운 시대에 의식적 변화를 가져온 중요한 요소 중 하나는 석기 제작기술의 변화라 볼 수 있다. 19세기에 접어들 무렵 덴마크의 톰센C.J. Thomsen에 이어 영국의 러벅Sir J.Lubbock은 인류가 남긴 석기 제작기술의 변화에 따라 석기시대를 구석기시대와 신석기시대로 세분하였다. 그리고 구석기시대는 지질학적 시대로 대략 신생대 제4기의 전기를 뜻하는 '홍적세'와 후기를 일컫는 '충적세'의 경계, 즉 기원전 약 1만 년경에 종료된 것으로 설정하였다. 일반적으로 석기 제작기술의 변화에 따라 구석기시대를 다시 전기·중기·후기의 세 시기로 나눈다. 각 시기의 경계는 지역마다 다르게 나타나지만, 기준이 되는 지역은 세 시기를 구분 짓는 특징의 변화가 가장 뚜렷하게 나타나는 유럽 서남부이다. 따라서 후기구석기인들의 통과의례에 대한 사고 변화 추이를 가장 뚜렷하게 엿볼 수 있는 유럽 서남부 지역의 동굴벽화부터 탐색해보도록 하겠다.

두개골의 용량과 팔다리의 길이 등을 토대로 한 해부학적인 견지에서 현대인으로 분류되는 호모 사피엔스Homo Sapiens가 기원전 약 4만 년경에 등장하면서 후기구석기시대가 시작된다. 이 시기에 가장 주목할 만한 특징 중 하나는 매우 소형화되고 전문화된 석기가 다량으로 제작되었다는 점이다. 즉, 자연자원의 활용이 크게 늘어나고 고도로 정제된 세석기microblade가 등장하면서 각종 복합도구가 만들어졌다. 현생인류Homo sapiens sapiens인 크로마뇽인이 출현한 시기도 이때와 거의 일치한다. 21세기 인류학자들 중에는 현생인류가 등장한 기원전 35000년에서 기원전 10000년 사이에 인류의 두뇌 크기가 폭발적으로 커졌다고 주장하는 이들도 있다.

1869년 프랑스 남부 지방의 도르도뉴Dordogne에 인접한 동굴 입구에서 발견된 유골은 후기구석기시대의 신인新人인 크로마뇽인으로, 머리가 좀 길쭉하고 키가 훤칠한 것이 특징이다. 그들은 새로이 제작한 세석기를 이용해 동굴에 이미지를 새기고 채색하였다. 여러 연구에 의해 이 동굴벽화의 다양한 이미지들은 단순히 장식적 의미에서 그려진 것이 아니라, 삶의 공식과도

* 라스코 동굴은 1940년 9월 프랑스 몽티냑(Montignac) 남쪽에서 마을 소년들에 의해 우연히 발견되었다. 하지만 알타미라 동굴과 같이 오랜 시간 일반인에게 공개되면서 벽화가 훼손되기 시작하여, 1963년에 동굴이 폐쇄됨에 따라 일반인들은 더 이상 입장을 할 수 없게 되었다. 그러자 그로부터 20년 후, 동굴 근처에 모형 동굴을 만들어 일반인들에게 공개하고 있다.

같은 비법을 전수하기 위한 메시지였음이 밝혀졌다.

1992년 도르도뉴 근처에 있는 아르데슈Ardeche의 깊은 산속에서 약 3만 년보다 더 오래된 쇼베Chauvet 동굴벽화가 발굴되기 전까지는 라스코 동굴* 벽화가 구석기시대의 가장 오래된 이미지로 알려져 있었다. 쇼베 동굴 내부에는 무소 떼를 비롯하여 매머드, 곰, 사자, 들소, 말, 하이에나, 표범, 사향소, 올빼미 등 약 460점에 달하는 야생동물들의 이미지가 목탄으로 생생하게 그려져 있다.[6] 라스코 동굴벽화가 후기 크로마뇽인들의 작품이라면, 쇼베 동굴벽화는 초기 크로마뇽인들의 작품이다.

쇼베 동굴벽화의 특이사항 중 하나는 동굴의 이미지들이 모두 한 세대에 그려진 것이 아니라, 두 번의 시간대에 걸쳐 그려졌다는 사실이다. 첫 번째 작업은 기원전 약 32000년에 있었고, 두 번째 작업은 그로부터 약 5,000년이 지난 이후 다른 사람들에 의해 보완 작업이 이루어졌다. 그리고 더 놀라운 사실은 현대에 이르기까지 그 오랜 시간을 뛰어넘어 고스란히 남아 있는 동굴 내부의 동물들과 사람들의 발자국이다. 여기 남겨진 사람의 발바닥 화석은 지금까지 발견된 것 중 가장 오래된 것이다.

살고 있는 지역은 달라도 감성은 같았다

후기구석기인들이 남긴 동일한 동물 이미지를 통해, 지역은 달라도 그들이 가진 감성의 소산에 의해 공동의 문화를 공유하고 있었음을 확인할 수 있다. 즉, 라스코 동굴의 가장 안전하고 은밀한 곳에 표현된 메인 이미지에서 오른쪽 상단에 위치한 들소 그림[7]은 알타미라 동굴벽화에서도 자주 볼 수 있는 것으로, 실제로 그 부근에서 주로 서식했던 들소를 그린 것이다. 들소의 다양한 자세와 모습들은 알타미라 동굴벽화의 정확한 묘사를 통해 확인할 수 있다. 사진상으로는 평면이지만 실제로는 울퉁불퉁한 동굴의 굴곡 형태를 그대로 살려 마치 눈앞에 들소가 있는 것처럼 실감나게 표현되어 있다.[8]

[6] 쇼베 동굴의 표범 이미지(위)와 무소 떼 이미지(아래)

[7] 라스코 동굴 '깊숙한 원형 갤러리'의 메인 이미지 오른쪽에 있는 들소: 부분적으로 퇴색되고 벽면이 흘러내리거나 절단되어 원형의 이미지가 잘 보이지 않는다.

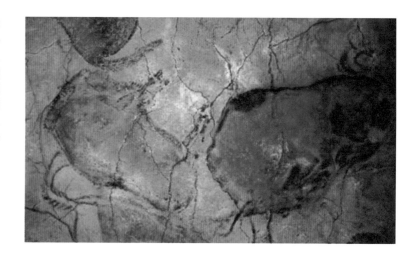

들소 이미지가 있는 알타미라 동굴은 어떤 지형적 조건과 형태를 갖췄을까? 이 동굴은 스페인 북부 칸타브리아Cantabria 지방의 도시, 산탄데르Santander에서 서쪽으로 30km 떨어진 곳에 위치하고 있는데, 내부의 벽화는 빙하기가 시작되기 전 실제 그 지역에 거주하던 들소들의 모습을 관찰하여 그린 것임이 오늘날 확인되었다. 동굴의 총 길이는 296m로 여러 방향으로 꼬여 있고, 높이는 동굴의 벽면이 울퉁불퉁한 관계로 장소에 따라 2~6m 정도의 차이가 있다. 고고학자들의 연구조사에 의하면 이곳은 대략 기원전 18500년에서 14000년에 사용된 것으로 추정되며, 유럽의 후기구석기를 뜻하는 '솔뤼트레Solutré 문화'의 일부라고 한다.

이 시기에는 야생동물이 동굴 근처에 머물렀던 것으로 추측된다. 동굴이 해안가에서 가깝고 산으로 둘러싸여 있어 다수의 야생동물들이 기거한 흔적이나 잔해가 많이 발견되었기 때문이다. 그리고 대략 13,000년 전 일종의 산사태로 동굴의 입구가 완전히 막히면서 지금의 흔적이 유지될 수 있었다. 벽화의 이미지들은 단순히 누워 있거나 서 있는 동물의 모습을 묘사한 것이 아니다. 들소가 등 위에 곤충들이 앉는 것을 막기 위해 어느 각도로 어떻게 꼬리를 흔드는지, 먹잇감이 다가올 때 정면에서 바라본 들소의 근육은 어떻게 움직이는지, 숙면을 취하고 있을 때의 모습은 어떠한지 등과 같이 구체적이고 논리적인 정보를 제공해준다.

그렇다면 어째서 알타미라 동굴에서 수백 킬로미터나 떨어져 있는 라스코 동굴에서도 같은 모습의 들소 이미지가 발견되었을까? 가장 큰 원인으로 알타미라와 라스코 지역의 비슷한 기후조건을 들 수 있다. 또, 서로 다른 지역에 살았음에도 거주민들이 경외심을 느낀 대상이 동일하였으며, 그들이 후기구석기 문화를 공유했던 사실도 확인된다.

즉, 라스코 동굴과 알타미라 동굴은 해안가에 접하고 산으로 둘러싸인 전형적인 구석기시대의 주거 공간이다. 후기구석기시대의 중기에는 인류가 동굴 입구에서 생활한 시기도 잠시 있었으나 그 기간이 길지는 않았던 것으로 추정된다. 이 시대에 남겨진 벽화들은 지리적 위치와 자연환경 등이 동일한 조건으로 이루어진 두 동굴과 같은 '특별한 장소'에서 시작되었다. 장소의 중요성을 뒷받침하는 또 다른 논리에 의하면 동물들의 생명력이 넘치는 역동적인 동작을 묘사한 기법을 통해서도 다시 한번 장소의 신성성이 확인된다. 누구나 동물의 세밀한 움직임을 볼 수 있고, 누구나 그 동작을 그릴 수 있는 것은 아니기 때문이다.

이로써 우리는 후기구석기 문화의 중심지이자 발현지인 '신성한 장소'의 조건으로 기후 및 지리적 조건, 주변 자연환경이 중요했음을 알 수 있다. 또한 장소의 신성성은 현재까지 발굴된 동굴벽화에서 생생한 표현력을 위해 사용된 여러 기법들의 우수성을 통해서도 확인된다.

(1) 성스러운 시간

라스코 동굴에는 다섯 개의 갤러리가 있다

살아가는 데 중요한 지혜와 지식들을 후손들에게 강렬한 기억으로 남기

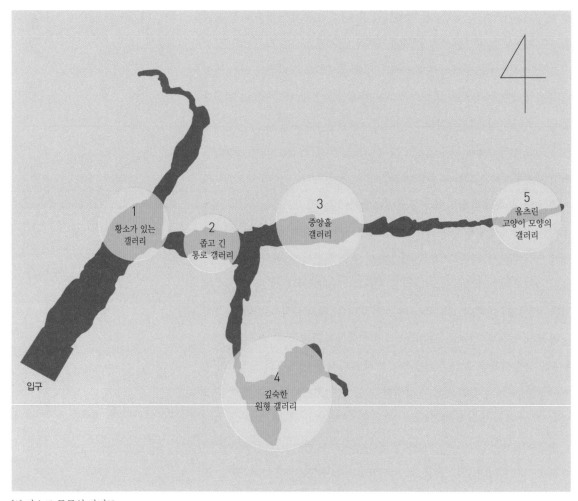

4

1
황소가 있는
갤러리

2
좁고 긴
통로 갤러리

3
중앙홀
갤러리

5
움츠린
고양이 모양의
갤러리

입구

4
깊숙한
원형 갤러리

[9] 라스코 동굴의 단면도

기 위해 후기구석기인들은 '선택한 공간'과 '성스러운 시간'을 일치시켰다. 여기에서는 동굴 입구에서부터 끝까지 '어느 장소에 무엇을 그렸는가'를 통해 시간의 신성성을 밝혀보기로 하자. 즉, 동굴의 구도와 이미지 구성 간에 어떤 관계가 있는지를 토대로 각각의 공간에서 관찰된 이미지들을 기호별로 그룹화하고 분류함으로써, 구석기인들의 인식 속에 내재된 성스러운 시간의 관념을 엿보고자 한다. 상징적 이미지라는 소산물은 원초적 인간들이 자연발생적으로 만들어낸 것이 아니라, 주어진 환경에 순응하면서 제작하고 전달한 '문화의 복합적 창작물'04이기 때문이다.

라스코 동굴은 하나의 주 동굴과 네 개의 좁고 긴 회랑으로 이루어져 있다. 이 동굴에서는 선으로 그리거나 벽에 새긴 후 채색한 들소, 야생마, 사슴, 멧돼지, 염소 등 20여 종의 동물 이미지가 800점 이상 발견되었다. 이 벽화는 마들렌Madeleine 중기와 후기 사이, 즉 기원전 18000~17000년경에 그려진 것으로 추정된다. 동굴의 가장 깊은 곳보다 6.3m 아래에 위치한 지하 회랑, '깊숙한 원형 갤러리'에서는 인물 이미지도 볼 수 있다.05

동굴의 공간 구조에 따라 표현된 이미지들의 특징을 토대로 고고학자와 인류학자들은 동굴을 크게 다섯 개의 갤러리로 구분해 이름을 붙였다.[9] 입구에서부터 차례로 황소가 있는 갤러리Salle des Taureaux, 좁고 긴 통로 갤러리Diverticule Axial, 중앙홀 갤러리La Nef, 깊숙한 원형 갤러리Le Puits, 움츠린 고양이 모양의 갤러리Diverticule Félins로 불린다.

넓은 동굴 입구에 있는 '황소가 있는 갤러리'에는 여러 형태의 뿔이 달리고 거세되지 않은 야생황소와 뿔이 수려하게 난 수사슴 이미지가 반복적으로 겹쳐 나타난다. 라스코 동굴 입구의 벽면에서부터 시작되는 동물들의 이미지는 마치 살아 있는 것처럼 역동적이다. 또, 벽면을 여러 번에 걸쳐 화폭으로 사용한 흔적이 뚜렷하다. 야생말 한 마리의 연속적인 동작을 여러 벽면에 이어 가며 표현한 것[10]도 볼 수 있다.06 또한 '석기시대의 피카소Picasso 작품'이라는 수식어가 무색하지 않게 빨강, 검정, 노랑, 갈색, 흰색

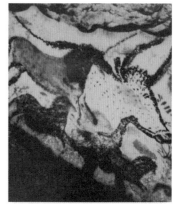

[10] 라스코 동굴 입구에 위치한 '황소가 있는 갤러리'의 황소 이미지(위). 한 마리 야생말의 연속 동작을 묘사한 그림(아래).

[12] 페슈메를 동굴에서 발견된 여성 혹은 아이의 손바닥으로 추정되는 이미지

[13] 파타고니아와 아르헨티나 동굴 내벽의 손 이미지로, 인간이 '형상'을 만든다는 개념으로 해석된다. '형상'은 그리스어로 'poiein'이라고 하는데, 이는 '형성, 형상화, 창조'를 의미한다.

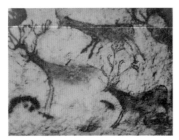

[14] '황소가 있는 갤러리'의 수사슴 이미지

[11] 동굴 벽면의 한 화면에서도 한 가지 색만이 아니라, 노란색, 빨간색, 갈색, 하얀색, 검은색 등 각 부분마다 서로 다른 색을 사용하여 한 마리의 황소를 완성한 것을 알 수 있다.

등 강렬한 색이 사용되었다.[11]

주종을 이뤘던 제작기법 중 하나는 검은색으로 실루엣silhouette을 그린 후 안쪽에 색을 칠하는 것이다. 또 하나는 새의 깃털이나 이끼 뭉치 등을 이용하여 짙음과 옅음, 밝음과 어두움 등을 표현하는 방법으로, 이는 대상을 생생히 묘사하는 데 효과적이다. 안료로 숯을 이용하여 검은색을, 동굴 바닥의 적철과 황토로는 노란색과 빨간색을, 그리고 그 외 여러 색을 배합하여 다양한 색을 연출하였다. 페슈메를Pech Merle 동굴벽화의 손바닥 이미지[12]는 벽면에 손바닥을 대고 손의 윤곽을 따라 새의 뼈로 만든 관으로 물감을 불어 채색한 것이다.[13]

황소가 있는 갤러리에서 발견된 거대한 황소와 황소 사이에 그려진 수사슴 이미지[14]는 실제 모습을 반영했다기보다 상징적 개념이 첨가된 '비실질적 이미지'07이다. 여기에 표현된 사슴의 뿔은 실제보다 훨씬 길게 하늘을 향해 뻗어 있기 때문이다. 다시 말해, 동굴벽화는 '남성적 이미지'부터 등장한다.

[15] 동굴 입구의 두 갈래 길에서 오른쪽 길을 따라가면 나타나는 '좁고 긴 통로 갤러리'의 다리가 유난히 짧고 배가 축 늘어진 '중국말'

[16] '좁고 긴 통로 갤러리' 내부 천정에 그려진 황소와 중국말

황소들의 거친 이미지와 수사슴의 무리를 지나면, 동굴은 왼쪽의 길고 좁은 회랑과 오른쪽의 짧은 회랑으로 나누어진다. 오른쪽으로 접어들면 '좁고 긴 통로 갤러리'가 나오는데, 여기에서는 다리가 유난히 짧고 몸통이 두툼하며 배가 늘어진 말의 이미지[15], [16]를 볼 수 있다. 이 말은 유럽에서는 흔히 볼 수 없고 1800년대까지 주로 몽골을 중심으로 아시아에서 길렀던 종이다. 유럽인들은 이 말을 '중국말'이라 칭했는데, 이 지역에 존재하지 않았을 종이 그려져 있는 것은 기후조건의 변화로 인류 혹은 동물들의 이동이 있었기 때문은 아닌지 추측해볼 수 있다.[08] 또는 후기구석기시대부터 장거리에 걸친 교역 또는 교환경제 행위가 있었다고 보는 견해를 뒷받침하는 증거로도 볼 수 있다.

중국말을 지나 '중앙홀 갤러리'에 들어서면 앞의 회랑들에서 본 이미지들과는 사뭇 다른 양식의 검고 붉은 들소와 말들이 나타난다.[17], [18], [19] 이 이미지들은 크기가 크고 여러 번에 걸쳐 완성된 흔적이 뚜렷하다. 그중에는 크기가 5m나 되는 것도 있고, 몸통만 있는 들소도 있다. 중앙홀 갤러리는 짧게 끝나는 오른쪽 회랑과 오른쪽의 3배 이상 길게 뻗어 있는 왼쪽 회랑으로 이루어져 있는데, 이 왼쪽 회랑에는 습작처럼 그려진 말들의 다양한 포

[17] 붉고 검은 큰 소와 말 이미지가 나
타나기 전에 기록된 그림들로, '중앙홀
갤러리'에 표현된 말들의 습작이다.

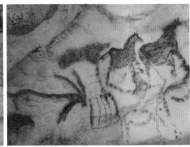

[18] '중앙홀 갤러리'의 가로 5m 크기의
검은 황소: 배 쪽의 붉은 색상이 어떤
형태로 있는지 살펴보면, 먼저 그려졌
던 이미지 위에 다시 검은 황소를 겹쳐
서 그린 것임을 확인할 수 있다.

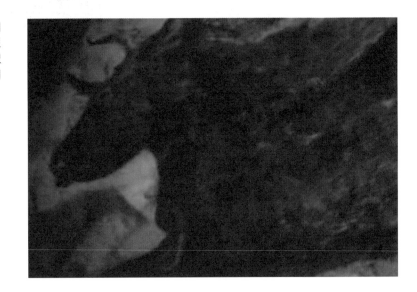

[19] '중앙홀 갤러리'에 있는 크기 3m의
붉은 말

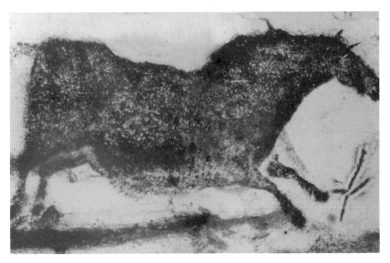

즈가 같은 양식으로 반복되어 나타난다.[20] 그리고 수사슴 다섯 마리의 얼굴과 목 위쪽의 모습만 기록한 추상적 이미지도 등장한다.[21]

좁고 긴 통로의 갤러리를 지나서 나타나는 두 갈래의 갈림길은 오른쪽과 왼쪽으로 나누어져 있다. 여기서 왼쪽 방향으로 가면 '움츠린 고양이 모양의 갤러리'가 나타난다. 그곳은 25m 정도의 좁은 통로로 마치 움츠린 고양이와 같은 모양을 하고 있으며, 통로는 막혀 있다. 갈림길에서 오른쪽으로 들어가면 인물 이미지가 있는 '깊숙한 원형 갤러리'가 나타난다. 여기에서는 뿔이 달린 머리를 사람에게 들이대고 있는 들소가 있고, 그 앞에 사지를 뻗고 발기된 남자가 손가락이 네 개만 달린 두 팔을 활짝 펴고 누워 있는 그림을 볼 수 있다.[22] 따라서 동굴 입구의 회랑에서는 황소와 말, 수사슴의 이미지가 거의 극사실화에 가깝게 그려져 있는 반면, 동굴 속으로 들어갈수록 이미지가 서서히 비실재적인 추상의 형상으로 바뀌어감을 확인할 수 있다.

들소와 사람, 솟대처럼 표현된 새 형태가 이루는 구도[09]는 앞서 나타난 동굴벽화보다 구체적인 상징의 의미가 더 내포되어 있음을 시사한다. 이를 통해 동굴 입구에서 이미지를 제작한 사람들보다 깊은 곳에 이미지를 남긴 사람들이 현대에 더욱 가까운 이들임을 유추할 수 있다. 다시 말해, 초기 크로마뇽인이 남긴 이미지의 사회적 메시지를 보고 자란 자손들이 점차 동굴 내부로 진입하여 새로운 동물들의 출현과 이동 등에 관해 기록하고, 더불어 상징적 개념도 조금씩 첨가했다고 볼 수 있다. 따라서 그들이 자연주의적 경향이라 할 수 있는 구체적인 묘사에서 벗어나 사물의 개념이나 본질을 포착하려 했음을, 대상의 묘사보다는 상징적 의미에 주력했음을 엿볼 수 있다.

동굴의 인물 이미지에 이어 마지막으로 등장하는 이미지는 '알타미라 들소'를 그린 것이다. 검고 붉은 색의 들소 두 마리는 금방이라도 공격해올 것 같은 무서운 얼굴을 하고 서로 꼬리를 맞댄 채 반대쪽을 향해 서 있다.[23]

[20] 마지막 갤러리에 들어서기 전 여러 번에 걸쳐 에스키스(esquisse, 초벌 그림)한 말의 습작들

[21] '중앙홀 갤러리'의 수사슴 다섯 마리: 얼굴과 목 위쪽 부분만 기록되어 있다.

[22] 마지막 갤러리인 '깊숙한 원형 갤러리' 메인 이미지: 인물 이미지와 들소, 솟대처럼 표현된 새 형태가 삼각구도를 이루고 있다.

[23] 라스코 동굴의 가장 후미 부분에 기록된 두 마리의 검고 붉은 알타미라 들소 이미지

이것으로 라스코 동굴벽화는 종결된다.

동굴의 공간 구조에 따라 이미지의 구성이 어떻게 변하였는지 종합해보면, 벽화는 거칠고 강인한 남성적 이미지로 시작되며 새로운 생명의 탄생과 재생에 관한 이미지가 반복적으로 나타난다고 할 수 있다. 또, 구체적이고 사실적인 묘사에서 점차 추상적이고 상징적 이미지로 변화한다. 구석기인들은 남성적인 강인함을 상징하는 동물들의 활기찬 모습을 기록으로 남겨 번식력과 생명력, 탄생과 재생의 시간을 상징하는 기호로써 그들의 성스러운 시간을 묘사하였던 것이다.

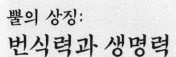

뿔의 상징:
번식력과 생명력

[24] 라스코 동굴의 이미지는 야생의 황소, 암소, 사슴, 말 등을 직접 관찰하고 그린 극사실적 이미지이다.

[25] '황소가 있는 갤러리'에 등장하는, 화려한 뿔을 자랑하는 수사슴 무리

삶과 죽음, 건강과 질병, 행운과 불운을 지배하려는 인간의 욕망은 시대를 불문하고 매우 강렬했다. 동굴벽화는 이러한 욕망과 정열을 충족시키기 위해 상징적으로 표현된 이미지 그룹의 집합체라 할 수 있다. 그러므로 이미지는 '신비와 비밀'을 강조하고, 상징을 이용하여 사물을 '점유'해야 한다. 생명력을 상징하는 동굴벽화 속 동물들의 이미지 기호는 '통과의례'가 거행되는 '그때' 새로운 생명을 재탄생시키는 원동력이 되었다.

수렵시대에 인간의 수명은 평균 20세가량이었던 반면 야생동물들은 그보다 더 오랜 시간을 살았다. 따라서 구석기인들은 동물들이 인간은 알지 못하는 영생의 비밀을 알고 있다고 여겼다. 라스코 동굴의 벽화는 동굴 근처에 서식했던 야생의 황소와 암소, 사슴과 말 등을 관찰하여 숙련된 솜씨로 표현한 극사실적 이미지이다.[24] 그러나 특이한 점은 동물들의 뿔만은 실제보다 더 크고 강하게 표현되어 있다는 것이다. 즉, 벽화에는 있는 그대로를 표현하는 자연주의적 경향을 띤 사실적 이미지와 상징적 이미지가 함께 나타나고 있다.

라스코 동굴에서 상징적 이미지로 자주 등장하는 것이 바로 영원한 생명을 위한 번식력과 강인한 생명력을 상징하는 '뿔'이다.[25], [26] 수렵인들은 동물들의 뿔이 인간에게는 없는 강인한 생명력을 지녔다고 믿었으며, 이러한

[26] 라스코 동굴벽화에는 번식력과 강인한 생명력을 상징하는 뿔이 다양한 형태로 등장한다.

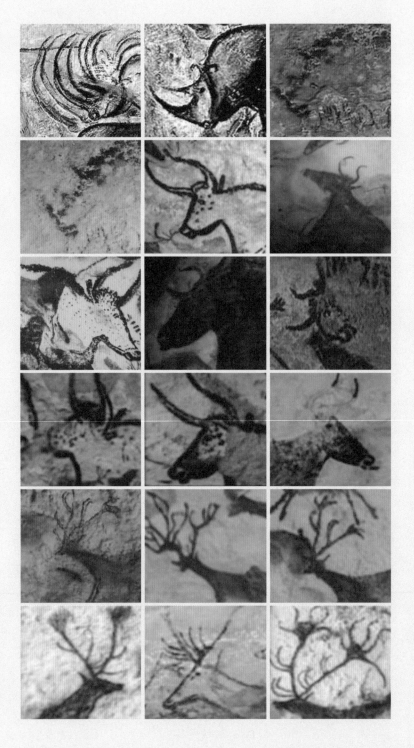

생각은 동굴벽화 여기저기에서 뿔 달린 동물들의 형태로 나타난다. 실제 모습을 그대로 반영한 이미지에서조차도 뿔만은 실제보다 더 강조되어 길거나 강하게 그려져 있다.

예를 들어, 라스코 동굴의 '황소가 있는 갤러리'에는 두 마리의 황소가 마주보는 사이로 뿔이 수려한 수사슴들이 열을 지어 등장하고, 그 가운데는 일명 '두 개의 뿔을 가진 유니콘unicorn'[10] 이라 불리는 산양의 모습[27]이 보인다. 보통 유니콘의 뿔은 하나지만 이 산양은 두 개의 뿔이 머리에 붙어 있는 것 같이 보인다 하여 붙여진 별명이다. 그리고 동굴에서 동물기름으로 불을 밝히는 데 쓰인 진흙 램프의 손잡이 부분에도 산양의 뿔 두 개가 추상적이고 간략한 선으로 표현되어 있는데,[28] 이는 '영원히 꺼지지 않는 불'이라는 상징적 의미를 갖고 있다.[11]

그림29는 '중앙홀 갤러리'에 등장하는 수사슴 이미지의 제작기법을 재현한 것[29]으로, 추운 겨울이 지난 후 굳은 대지를 뚫고 올라와 하늘을 향해 팔을 뻗는 나뭇가지의 모습과도 흡사하다. '사슴뿔'의 어원을 살펴보면 그 이유가 드러난다. 러시아어에서 '사슴, 큰 사슴'을 의미하는 sohaty, 스키타이어로 '사슴'을 뜻하는 sāka는 모두 산스크리트어에서 '큰 가지, 가지'를 일컫는 sakha와 발음과 표기가 비슷하다. 또 리투아니아어의 šaka도 '큰 가지, 가지' 및 '사슴뿔'을 의미한다. 매년 가을에 떨어져 봄에 다시 돋아나는 사슴의 뿔이 마치 식물이 매년 소생하는 것과 비슷한 데서 연유한 것이다. 또한 새로운 봄을 알리는 나뭇가지는 메마른 겨울이 지나고 다시 물이 오른 땅의 기운을 상징하므로, 사슴뿔은 땅의 존재를 의미하기도 한다.

'깊숙한 원형 갤러리'의 길이 5m가 넘는 검은 들소 이미지는 다섯 마리의 뿔 달린 황소 그림과 겹쳐져서 그려져 있는데, 이를 통해 생명의 번식력과 부활의 상징성을 엿볼 수 있다. 종교학자들은 고대사회의 이미지에 내포된 모든 상징이 종교적 상징이거나 최소한 종교적 의미를 띠고 있다고 본다. 인간에게 밤과 혼돈, 죽음과 새로운 생명의 탄생, 우주의 법칙 및 인간 생명

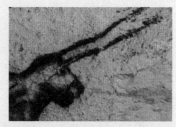

[27] 일명 '두 개의 뿔을 단 유니콘'이라 불리는 산양의 이미지

[28] 진흙으로 빚은 램프의 손잡이 부분에는 산양의 뿔이 간략한 선으로 표현되어 있다.

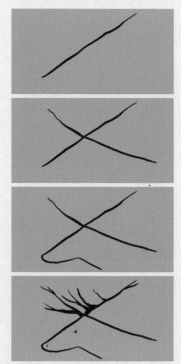

[29] '중앙홀 갤러리'에 등장하는 수사슴의 제작기법 재현

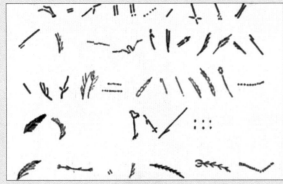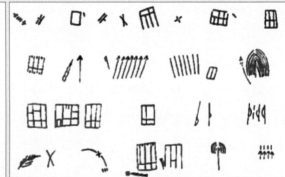

[30] 라스코 동굴에 그려진 이미지들에 사용된 남성적 선(왼쪽)과 여성적 선(오른쪽) 모음

의 존재양식 등은 여전히 풀리지 않는 수수께끼와 다름없기 때문이다.

뿐만 아니라 라스코 동굴의 이미지에 쓰인 선들을 종합적으로 연구한 결과, 남성적 에너지를 상징할 때와 여성적 에너지를 표현할 때 쓰는 선이 각각 다른 형태인 것으로 나타났다. 그림30을 보면 알 수 있듯이 남성적 에너지를 상징할 때는 날카롭고 강인하며 뿔과 같은 생명력을 나타낸 강한 느낌의 선이, 여성적 에너지를 사용할 때는 부드럽고 둥글며 비와 같이 여러 줄기로 표현된 선들이 사용되었다.[30] '비'를 연상시키는 이미지들은 여러 대륙에서 '큰 여신'을 상징하는 이미지로 재현되었다. 물론 남성적 선과 여성적 선이 완벽하게 구분되어 사용된 것은 아니지만, 대체적으로는 위의 법칙에 따라 그려졌다. 이는 구석기인들이 성性 에너지를 명확히 구분하기 시작했고, 당시에 생명의 조화 및 우주 창조에 대한 근본적인 이해와 해석이 생겨났음을 보여준다.

(2) 성스러운 공간

어머니의 자궁으로 다시 들어가다

오늘날 발견된 수렵시대의 모든 동굴이 갖고 있는 공통점은 쉽게 눈에 띄지 않는, 그 구역에서 가장 안전하고 은밀한 장소에 위치하고 있다는 점이다. 그러므로 우린 그곳을 '신성하고 성스러운 장소'라 부른다. 그곳은 자연재해나 침입자들로부터 언제나 안전하게 보호받을 수 있었던 곳으로 보인다.

신성한 공간은 하늘과 땅, 지하세계가 같은 축 위에 있어 하나로 통하는 장소이다. 프랑스의 선사학자 르루아 구랑Leroi-Gourhan은 동굴을 동굴종교의 특징과 구석기인들의 관념체계를 보여주는 신성한 영역이라 칭했다. 즉, 동굴은 '하늘과 땅, 지하' 이렇게 우주의 삼계가 하나로 만나는 구석기시대의 중심축이자 성스러운 장소[12] 이며, 초기 인류의 종교적 의식이 행해진 장소라는 데에는 많은 학자들의 의견이 일치한다.

소우주나 주거지에는 모두 '중심'이 되는 특별한 성역이 존재한다. 그곳은 자궁 안처럼 매우 안전하고 성스러운 공간이다. 또한 세계의 중심으로서 만들어진 도시나 사원, 궁전, 탑 역시 구석기시대의 동굴이 갖고 있는 상징적 의미를 복합적으로 보여주는 예이다. 동굴은 우주의 삼계, 즉 하늘과 땅, 지하를 떠받치는 우주산, 그리고 세계목, 중심주中心柱를 의미한다. 따라서 도시의 중심에 세워진 높은 사원을 오르는 것은 곧 세계의 중심을 향해 가는 것을 뜻한다. 또, 세속의 공간을 넘어 '순수 영역'으로 들어가는 것을 상징하는데, 그것이 바로 '중심의 의례'이다.

인류 문명의 창조신화, 전설, 샤머니즘 속에서 우리는 인간이 자신도 모르게 공간을 '성스러운 공간, 거룩한 공간'과 '비속화된 공간'으로 구분하여 인식했음을 발견할 수 있다.[13] 역사 속에서 끊임없는 반복과 재현의 과정을 겪으면서 '성스러운 공간'에 대한 인식이 무의식층에 내재되었기 때

[31] 후기구석기시대의 라스코 · 퐁드곰 · 레콩바렐 · 루피냐크 동굴의 형태: 좁은 동굴 입구를 지나 안으로 깊이 들어갈수록 넓은 공간으로 이어지다 마지막에 가장 은밀한 장소를 만날 수 있는 형태로, 마치 여성의 자궁과 같은 구조를 갖고 있다.

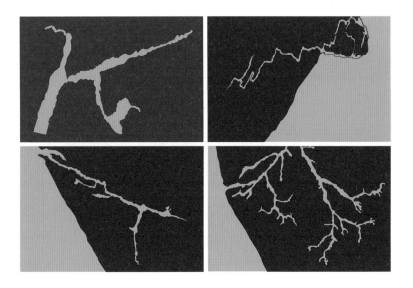

문이다.[14]

장소의 신성성은 후기구석기시대의 라스코 · 퐁드곰 · 레콩바렐 · 루피냐크Rouffignac 동굴의 구조에서도 찾아볼 수 있다.[31] 많은 학자들은 라스코 동굴이 아무 곳에나 있지 않은 것 자체가 이곳이 '신성한 구조'의 형상이라는 데 동의한다. 그 외 대부분의 구석기시대 동굴들도 사람들이 접근하기 어렵고 거주가 불가능한 곳에 있어 장소의 신성성이 강조된다. 현대의 민속학자와 종교학자들도 신성한 구조로 이루어진 신성한 장소에 표현된 라스코 동굴벽화의 이미지 역시 단연 상징적 의미를 내포하고 있다는 데에는 이견이 없다.

반면 미지의 공간, 즉 혼돈과 무질서, 암흑을 상징하는 황량한 공간은 악마, 원귀, 사자死者, 외적과 동일시된다. 특히 원시적인 상징에서 외적은 악마와 죽음까지 의미한다.[15] 어떠한 형태의 공격이든 그 결과는 폐허와 붕괴, 죽음[16]으로 이어지기 때문이다.

밤과 낮, 남성과 여성, 탄생과 죽음, 하늘과 땅, 해와 달 등 끊임없이 반복되는 삶의 사이클은 '생성과 소멸'을 만들어내고, 이는 곧 인간이 가진 '한

[32] 라스코 동굴벽화에서 수컷 이미지와 암컷 이미지의 교차적 만남이 어떻게 이루어지는지 보여주기 위해 새롭게 제작한 이미지로, 그림과 같이 수컷과 암컷의 방향이 반대로 묘사되어 있다.

계상황'을 나타낸다. 엘리아데는 '한계상황이란 인간이 우주 속에서 자신의 위치를 인식하게 되면서 스스로를 발견하게 되는 상황'이라고 하였다. 라스코 동굴벽화의 이미지 역시 인간이 부딪혔던 한계상황을 '중심'의 상징에 의해 보여주고 있다. 어머니의 자궁으로 가듯이 좁은 통로를 지나 소우주의 중심인 동굴의 '중심'으로 들어와 태어날 때 '시간의 중심'에서 느꼈던 죽음의 고비를 다시금 간접경험함으로써, 그들은 심신의 부활을 위한 시간을 가질 수 있었던 것이다.[17]

라스코 동굴벽화에 등장하는 20여 종의 동물들을 살펴보면, 황소와 암소, 수말과 암말, 숫양과 암양, 수사슴과 암사슴 등 수컷과 암컷을 구분하여 묘사하였고, 성性에 따라 동물들이 움직이는 방향까지 다르게 기록하였음을 알 수 있다. 예를 들어 한 화면에서 수컷이 동굴 입구에서 내부로 들어가는 방향으로 묘사되면, 암컷은 그 반대 방향으로 달리고 있다.[32] 그것은 양과 음의 합일에 의한 강한 생명력을 상징하는 동시에 죽음을 극복하는 '재탄생'의 의미까지 부여된 것으로 보인다.[18] 또한 생동감 있는 야생동물의 이미지는 번식력과 영생의 에너지로 넘쳐나는 '마술magic'[19]로도 볼 수 있다.

앞서 말했듯 도시의 중심에 세워진 높은 사원을 오르는 행위는 세계의 중심을 향해 오르는 것과 같고, 세속 공간을 넘어 '순수 영역'으로 들어가는 것을 상징하며, 그것이 바로 '중심의 의례'[20]이다. 선사시대의 중심의례, 즉 '하늘로의 상승과 땅 밑으로의 하강'은 동굴 속 탐험으로 자연스럽게 연결되었다. 작은 불빛에 의존한 채 한 치 앞도 볼 수 없는 동굴로 들어서게 되는 순간, 이미 '다른 세계'로의 여행은 시작된다. 동굴 속으로 들어갈수록 불현듯이 다가오는 여러 동물의 이미지들은 그들로 하여금 삶과 죽음의 사이클을 넘나들게 하였다. 그렇게 매 순간 숨 막히는 광경을 지나 동굴의 마지막 장소까지 도착하면 비로소 진정한 통과의례의 클라이맥스가 기다리고 있었던 것이다.

유럽의 후기구석기 동굴벽화에 묘사된 인물들은 그 자체만으로도 매우 중요한 상징적 의미를 갖고 있다.[21] 앞서 보았듯 라스코 동굴의 인물 이미지는 들소, 새 가면 형태의 솟대와 함께 같은 공간에 묘사되어 있다. 이 이미지를 보기 위해서는 '깊숙한 원형 갤러리'로 들어간 후, 거기서 다시 어둡고 좁은 지하 통로로 기어 내려가야만 한다. 좁은 통로를 통과하면 넓고 아늑한 보금자리가 펼쳐져 있어 마치 어머니의 자궁에 들어온 듯한 느낌이 든다. 다시 말해, 인물 이미지가 있는 그곳은 누구나 수시로 출입이 가능하도록 열려 있던 공간이 아니었다.

따라서 이곳에 그려진 이미지는 단순히 동굴 입구나 회랑에 그려진 것과는 구분이 될 수밖에 없다. 인류는 이해하기 어렵고 그 원인을 알 수 없는 자연현상을 겪으면서 자신들의 안전이 철저하게 보장되는 장소가 곧 '신성한 곳'이라는 믿음을 갖게 된다. 그리하여 선조 때부터 선택된 그곳에서 하늘에 기원을 드리는 의식을 치렀으며, 그 성스러운 장소는 의식을 주관하거나 관련이 있는 이들에게만 출입을 허용했다. "원시인들은 신성한 것이 곧 위험한 것이라고 믿었다."라고 한 영국의 민속학자 제임스 프레이저James

George Frazer의 말이 맞다면, 그들에게 가장 위험한 존재 또한 가장 신성한 이미지로 표현되었을 것이다.

인류가 남긴 이미지들은 어느 위치에 그려져 있는가에 따라 종교적 색채가 강한 것인지, 장식을 위한 것인지를 구분할 수 있다. 예를 들면, 그리스 헬레니즘Hellenism 시대에는 모자이크가 바닥이나 벽면을 장식하였지만, 로마 시대로 들어오면 벽면에 그려진 벽화가 널리 유행하게 된다. 그림을 바라보는 시선에 따라서도 그것이 절대적인 힘에 관한 상징적 이미지인지 장식으로서의 의미가 더 큰 것인지를 알 수 있기 때문이다. 크로마뇽인들도 어떠한 각도에서 관람하기를 원하는가에 따라 이미지의 위치를 달리 배정하였고, 그에 맞추어 이미지가 제작되었다. 라스코 동굴의 20여 종이 넘는 800여 점의 동물 그림은 대부분 천정과 동굴 벽면에 그려져 있다. 시선을 위쪽으로 두고 올려다봐야 하므로 이 그림들은 종교적 성향이 강한 주술적인 이미지임을 알 수 있다.

이처럼 동굴 속 장소마다 구분되어 그려진 이미지들은 한 존재양식의 차원에서 다른 존재양식의 차원으로의 이동을 가능케 하는 것으로, 차원의 단절을 조형적으로 보여준다. 공간의 신성성에는 성화, 죽음, 사랑, 구원이라는 개념이 내포되어 있어, 통과의례는 신화, 장례의식, 왕이나 교황의 즉위의식, 혼인의례의 형태로 후대까지 이어진다.

(3) 성스러운 인간

인물, 들소, 솟대처럼 생긴 새가 만들어내는 스토리텔링

앞에서 말했듯이 라스코 동굴의 인물 이미지는 동굴의 가장 깊숙하고 은밀한 곳에서 다시 지하로 6.3m 더 내려가야만 볼 수 있다. 그렇게 만난 인물 이미지는 사지를 뻗고 누워 있으며 네 개의 손가락을 가진 남자로, 단독

[33] 인물이미지와 들소 이미지의 제작 과정: 깊숙한 원형 갤러리의 메인 이미지에서 인물 옆에 그려진 들소 이미지의 머리 방향이 제작과정 중에 변화했음을 알 수 있다.

으로 있지 않다. 그는 사람이 던진 긴 창에 찔려 피를 흘리고 창자를 쏟으며 죽어 가는 들소, 하늘과 땅의 기원을 알리는 솟대처럼 표현된 새 그림 사이에 위치해 있다. 인물, 들소, 솟대처럼 생긴 새, 이렇게 세 개의 이미지가 삼각구도를 형성하고 있는 것이다. 다시 말해, 스토리가 있는 무대 구성에 의해 '연출된 장면'이라 볼 수 있다.

구석기 사회의 문화콘텐츠라 할 수 있는, 삼각구도로 나타난 특별한 이야기를 브리짓과 질 델뤽Brigitte et Gilles Delluc은 특별한 '내레이션narration'이라고 표현하였다. 즉, 앞서 언급한 다양한 동물벽화들과는 달리 한정된 공간에서 세 가지 이미지가 삼각구도를 이룸으로써 특별한 스토리를 만들어내고 있는 것이다.

그렇다면 삼각구도의 내레이션 장면에서 왜 들소와 사람이 마주보도록 설정되었을까? 과연 구석기인들에게 동물은 어떤 존재였을까? 앞서 말했듯 당시에 인류는 특정 동물이 인간에게 장수와 영생의 비밀을 알려준다고 믿었고, 더불어 동물들의 영혼의 모습과 미래를 통해 인간 영생의 비밀을 밝힐 수 있다고 여겼다. 다시 말해, 수렵사회에서 동물은 인간보다 열등한 존재가 아니라 동일하거나 더 뛰어난 존재로 받아들여졌던 것이다. 동물은 장수와 영생의 비밀을 알고 있으므로 동물과 소통하는 사람은 고양된 영생의 삶을 얻게 된다. 따라서 벽화 속 인물은 죽어가는 들소의 영혼을 통해 자연현상 및 삶의 비밀을 전수받고 있는 것으로 추정할 수 있다.

'인물 이미지와 들소 이미지의 제작과정'은 이 논리를 잘 입증한다. 그림 33에서 볼 수 있듯이, 숙련된 기술을 가진 자가 들소의 얼굴 방향을 어떻게 설정할 것인지 여러 번에 걸쳐 숙고한 흔적을 찾을 수 있다. 들소가 얼굴을 사람 앞에 들이대는 처음의 구도는 '강렬하고 무서운 공격성'에 초점을 맞춘 듯하다. 그러나 최종적으로는 들소가 얼굴을 숙임으로써 사람의 우월성이 돋보이도록 이미지를 전환하였다.[33] 앞서 등장하는 동굴벽화에서는 동물이 주인공이었던 것과 달리, 여기서는 사람이 중심인 것이다. 즉, 통과의례를 통해 사냥꾼으로 거듭 태어난 인간은 자신보다 우월한 힘과 생명력을 지닌 동물들을 세밀하게 관찰하고 이미지로 나타내는 과정에서 동물들의 강인한 생명력을 전수받을 수 있다고 여겼다. 따라서 동굴의 가장 깊숙한 곳, 통과의례의 최종 목적지에서는 인간의 힘과 용기가 동물보다 더 우월함을 증명하려 했던 것이다.

두 번째 증거는 '이미지의 크기'에서 찾아볼 수 있다. 동굴 입구에 나타나는 동물의 이미지들은 거의 실제 크기와 같거나 더 크게 그려져 있어, 육중하고 장엄한 느낌을 준다. 그러나 그림34를 보면 알 수 있듯이 깊숙한 원형 갤러리의 메인 이미지에서는 사람과 들소, 솟대처럼 표현된 새 형태의 크기가[22] 거의 동일하게 보인다.[34] 이것은 절대적 크기와 무관하게 인간과 동물을 같은 크기로 그려놓음으로써 동물에 대한 인간의 우월함을 표현한 것으로 추정된다. 실제로는 들소가 인간보다 몇 배 이상 큼에도 불구하고 인간과 거의 같은 크기로 제작된 것이다.

특이한 점은 들소 앞에 두 팔을 활짝 벌리고 누워 있는 남자가 발기되어 있다는 사실이다. 이는 그 남자가 들소보다 더 우월하고 힘이 셈을 보여주기 위한 것이며, 그가 엑스터시ecstasy 상태에 있음을 의미한다. 이때의 엑스터시는 '에로스'가 아닌 '초월성'과 깊은 관련이 있어, 그는 단순히 힘이 센 남자가 아니라 '주술사' 혹은 '샤먼shaman'으로 해석된다.

수렵 생활에서 샤먼의 역할은 매우 중요하였으며, 무아의 황홀경에 도달할 수 있는 '특별한 사람'으로 종교적인 역할을 담당하였다. 사냥은 대단히 위험한 활동이기에 죽음까지 각오해야 하는 초월적 차원으로 인식되었기 때문이다. 따라서 들소 앞에 누워 있는 남자는 샤먼일 가능성이 높다. 그리고 발기된 상태로 하늘을 향해 누워 있는 모습을 통해 그가 최고의 힘을 자랑하는 사람임을, 즉 부족사회의 리더임을 짐작할 수 있다.

라스코 동굴벽화에 그려진 동물들의 주종은 들소, 야생마, 사슴, 멧돼지, 염소 등이며, 새는 등장하지 않는다. 사실 긴 막대 위에 꽂혀 있는 것 같은

[34] 깊숙한 원형 갤러리의 인물 이미지를 확대한 모습

새의 모습은 살아 있는 새라기보다 솟대의 형상을 하고 있다. 그렇다면 들소와 사람 아래로 왜 하늘의 기원을 상징하는 솟대 이미지가 있는 걸까?

수렵 생활을 영위했던 구석기인들은 무섭고 두려운 동물과 자연환경으로부터 자신들을 보호할 은신처가 필요했다. 또 그들은 두려운 존재와 맞서야 할 순간이 되면 편안한 공간을 벗어나 미지의 공간으로 죽음을 각오하며 모험을 떠나야만 했다. 이로부터 우리는 어머니의 자궁 안과 같은 '편안한 공간'과 동굴의 바깥처럼 '위험한 공간' 간의 대립을 발견할 수 있다.

선사시대의 '중심의례'인 하늘로의 상승과 땅 밑으로의 하강은 샤먼에 의해 자연스럽게 연결되었다. 우주 삼계를 잇는 세계목과 기둥, 사다리를 동일시하는 샤머니즘은 중앙아시아와 북아시아에서 광범위하게 나타난다. 샤먼은 우주목을 상징하는 세 개의 나뭇가지를 엑스터시 상태로 들어가기 위해 울리는 북의 채로 사용하였다. 그렇게 북을 두드림으로써 천상으로의 여행이 시작되는 것이다.

* 러시아 연방 중동부에 있는 자치 공화국

기둥과 사다리에 의한 '상승의 이미지'는 타타르Tatar*나 시베리아의 샤먼이 나무를 기어오르고, 이집트의 바Ra가[23] 사다리를 타고 북두칠성에 올라 별이 되는 기록에서도 찾아볼 수 있다. 이와 같이 계단과 사다리는 한 존재양식의 차원에서 다른 존재양식의 차원으로 이동을 가능하게 하는 것으로, 차원의 단절을 조형적으로 보여준다. 계단과 사다리에는 성화, 죽음, 사랑, 구원의 개념이 내포되어 있어, 통과의례와 신화, 장례의식, 왕이나 교황의 즉위의식, 혼인의례에서 여전히 중요한 역할을 담당하고 있는 것이다.

따라서 솟대 형태의 새 이미지는 샤먼이 하늘과 초월적인 소통을 하기 위해 사용하는 나무를 상징하는 것으로 추정할 수 있다. 보통 나무나 장대가 하늘과 땅을 이어주는 솟대로 상징되기 때문이다. 샤먼의 원정 또한 죽음과 직면한다는 점에서 사냥꾼의 위험한 모험과 다를 바 없었다.

즉, 들소와 사람, 새 형태가 이루는 삼각구도의 내레이션은 영생의 비밀을 알고 있는 들소를 죽임으로써 그 영혼이 하늘과 소통하는 솟대를 통해

[35] 고구려 쌍영총에 나타난 〈수렵도〉: 있는 그대로의 사실적 이미지로 재현하기 위한 '기록적 이미지'의 성향을 강하게 띠고 있다.

샤먼에게 전수되는 장면을 묘사한 것이라 유추할 수 있다. 그리고 세 요소의 크기에 관한 비교분석을 통해 인물, 들소, 새 형태가 제례행사에서 서로 동일한 위치와 역할을 부여받았음을 알 수 있다. 창을 맞은 들소가 창자를 흘리며 죽어가는 모습을 그린 것은 사냥 시 동물에 대한 공포심을 제거하기 위함이며, 동시에 자신감의 표현이기도 하다. 우리가 이렇게 해석할 수 있는 것은 구석기시대의 동굴벽화 이미지들의 반복적 재현이 상징적 의미를 분석할 수 있는 단초를 제공해주기 때문이며, 이런 특징은 구석기시대를 거쳐 신석기 문명에까지 영향을 미치게 된다.

구석기 문화에서부터 고대 문명에 이르기까지, 인류가 남긴 이미지들은 결코 과장되거나 왜곡되지 않고, '정직한 선'으로 그려졌다.[35] 이는 그들의 표현 능력 부족이 아닌 그 대상에 대한 그들의 인식을 드러내는 것이다. 이미지는 단순한 대상의 재현이 아니라 사유의 표현이자, 기억의 소산이요, 상상력의 산물이기 때문이다.

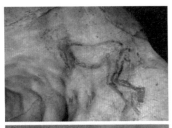

[36] 프랑스 남부에 있는 삼형제 동굴의 수사슴 이미지(위)와 브뢰유 신부의 스케치(아래)

이처럼 이미지의 크기나 구도에서 드러나는 비사실적인 광경 등을 미루어볼 때, 인물과 함께 들소와 솟대처럼 표현된 새 형태가 함께 있는 라스코 동굴의 이미지는 인간의 상상력에 의해 표현된 '상징적 기호'임을 알 수 있다. 평상시 들소와 늘 같은 공간에 살던 인간은 어느 날 자신들의 영역에 들어오게 된 들소를 몰아내고 다시 되찾은 곳에 솟대를 높이 올렸다. 이것은 단순한 영역 싸움이 아니라, 인간의 힘으로 어찌할 수 없는 자연현상 및 동식물과 같이 위협이 되는 존재로부터 벗어나 자신들만의 안전한 영역에서 자유롭게 살기를 원하는, 인간의 원초적 바람이 깃든 의식의 한 장면이다. 샤먼의 사회적 지위와 활동에 관한 기록은 주로 수렵사회에서 찾아볼 수 있으며, 동물들은 샤먼의 정신적 세계에서 매우 중요한 역할을 담당하였다.

그러나 인간은 삶을 영위하기 위해 동물을 사냥해야만 하고, 사냥한 것을 먹어야 했다. 영생의 비밀을 알고 있는 존재인 동물을 죽여야만 했던 인간은 동물에 대해 외경심을 가질 수밖에 없었다. 인간은 사냥을 하기엔 불리한 신체적 조건을 가지고 있고, 사냥감보다 크기도 작고 약했다. 그런 불리함을 극복하고자 하는 노력이 새로운 무기와 기술의 발전으로 이어지기도 했지만, 그보다 더욱 절박한 문제는 '사냥감에 대한 감정'이었던 것이다.

샤먼은 왜 새의 얼굴을 하고 있을까

들소, 사람, 솟대처럼 표현된 새 형태가 사냥을 나가기 전 인간의 두려움과 사냥을 성공하길 원하는 바람들이 만들어낸 상징적 표현이라면, 인물 이미지가 지닌 의미는 무엇일까? 우선 인물의 얼굴은 그림34에서 볼 수 있듯이, 솟대처럼 표현된 새 얼굴과 거의 흡사하며, 그는 들소와 맞서다 땅 위에 누워 있는 모습이다. 동굴에 표현된 전반적인 동물 이미지들의 묘사와 비교하면 터무니없이 모자라는 솜씨로 그려져 있는데, 이는 절대적인 상징성이 부여된 것으로 풀이할 수 있다. 기형적인 얼굴과 유독 길게 늘어진 몸통, 상대적으로 짧은 팔과 다리 등 어느 곳 하나 정상적으로 표현되지 않았다. 하지만 이것은 구석기시대 표현양식의 특징이 아주 잘 드러난 이미지 기록이라 할 수 있다. 초기 인류의 심상에 내재된 상상력으로부터 이끌어낸 상징적 표현이기 때문이다.

프랑스 남부 지방 아리에주Ariège의 삼형제 동굴Trois-Frères에는 구석기시대인 기원전 16000년에 그려진 것으로 추정되는 75cm 높이의 인물 이미지가 있다.[36] 이는 사슴뿔을 가진 초자연적 생명체를 그린 것으로, 커다란 뿔을 가진 수사슴의 머리에 올빼미의 얼굴, 늑대의 귀, 영양의 수염, 곰의 발톱이 달린 손끝, 긴 말꼬리가 달린 엉덩이를 갖고 있어 실제로 존재하지 않는 형상을 나타낸다. 이는 마치 사람이 수사슴 가면을 쓰고 있는 듯해 주로 '주술사' 혹은 '마스크를 쓴 샤먼'이라 불린다. 그러나 삼형제 동굴의 이미지를 '가면을 쓴 샤먼'이라고 하기에는, 척추가 곧은 몸과 수염 외에 사람의 특징이라고 할 만한 요소를 거의 찾아볼 수 없다. 따라서 이는 초자연의 신화적 생명체를 표현한 상징적 이미지일 가능성이 높다. 자신들이 겪고 보고 관찰한 것을 토대로 하여 가장 강력한 에너지를 가졌다고 생각되는 동물 몸의 부분 부분을 조합한 형태로, 이집트 문명의 초기 신화에서도 찾아볼 수 있다.[*]

또, 스페인 북부 이고요Igollo에 위치한 후요Juyo 동굴(해발 55m에 위치한 동굴로 해안에서 5km 떨어져 있음)에서 발견된 돌 마스크는 하나의 돌멩이에 눈과 입만 뚫려있는 형태이다.[37] 이 역시 반인반수半人半獸의 초자연적인 모습을 하고 있으며, 전기구석기시대인 마들렌 III기의 것으로 추정된다.[24] 돌 마스크는 사냥의 신성성을 상징하면서 인간이 동물의 보호자로서 의례의 대상으로 삼은 것으로, 샤먼의 상징적 이미지로도 해석이 가능하다.

따라서 라스코·후요·삼형제 동굴에 나타난 얼굴 이미지는 '가면'이라는 상징적 의미를 강하게 띠고 있다고 볼 수 있어, 라스코 동굴벽화의 인물이 '새 가면을 쓴 샤먼'일 가능성을 배제할 수는 없다. 가면은 단순히 부적이나 수호신이 아니라, 일종의 문장紋章을 상징하는 것일 수도 있다.[38] 인

[37] 스페인 후요 동굴에서 발견된 가로 35m, 세로 32m, 두께 21m의 돌 마스크

[38] 까비유 동굴벽화에 나타난 초자연적 사람의 형상

* 지혜의 신 토트는 따오기의 머리를 하고 있으며, 이 따오기는 파라오의 무덤에서 내세의 비밀을 가르쳐주는 신비로운 지식의 주인을 상징한다.

　류는 점차 수렵 생활을 접거나 유지하면서 부분 농경을 하며 서서히 한곳에
정착하게 되었고, 자기 부족 혹은 수호동물에 대한 집착이 점차 하나의 특
성을 갖게 되면서 그 지역의 상징으로 자리 잡게 된 것이다.

　들소 앞에 누워 있는 남자의 얼굴이 '새의 마스크를 쓴 샤먼'이라면, 왜 몸
통은 유독 길게 늘어져 있는 걸까? 시베리아에서 티에라델푸에고Tierra del
Fuego 섬에 사는 원주민들은 지금도 수렵 생활을 영위하고 있는데, 그들은
샤먼이 무아경에 이르면 하늘로 올라가 신들과 이야기한다고 여긴다. 샤먼
은 생명력의 원초적 표현으로서 춤을 추고 북을 치는데, 이러한 특별한 의

식을 통해 우주 에너지의 흐름과 합일되어 무아경에 들어간다. 그 혹은 그녀는[25] 화려한 의상을 입고 주문과 춤[26], 노래와 같은 심리적 방법을 이용해 엑스터시에 이르러 비와 바람을 다스리고 자연을 움직인다. 또, 그들은 하늘로 상승하기 위해 종종 나무나 장대를 기어오르기도 한다.

샤먼의 주술적 비법은 주술사들이 자신들의 본능적 행동으로부터 우연히 발견한 것으로, 후에는 주술적 의식이 되면서 신성하게 여겨졌다. 그들에게 가장 직접적인 도구는 '육체를 연장하는 것'이었다. 아프리카 사하라 남부 지역의 신석기시대 암각화에는 샤먼이 긴 사다리 같은 막대 위에 서 있고 의상으로 몸 전체를 가린 이미지[39]가 있다.[27] 모든 생물이 환경에 자발적으로 적응하는 방법을 갖고 있듯이, 샤먼의 기술도 본능에서 기원한 것이다. 샤먼은 자신의 육체를 사다리라는 도구로 연장하여 직접 하늘로 올라감으로써 상승 에너지를 재현할 수 있었던 것이다.

라스코 동굴 속 인물 이미지의 몸 형태가 길게 표현된 것도 구석기인들의 테크닉이 부족해서라기보다는, 앞서 등장한 여러 이미지들과 마찬가지로 그 몸이 사다리와 같은 역할을 한 것으로 볼 수 있다.

구석기인들의 상상력이 만든
라스코 동굴벽화

누가 왜 동굴에서 의식을 행하였는가

　현존하는 피그미Pygmy 족*이나 오스트레일리아 원주민들의 수렵 생활을 통해 우리는 구석기인들이 신화와 상징의 언어로 사유하였음을 짐작할 수 있다. 토착민들은 일상생활에서도 정신세계와 교류하며, 매순간 초현실적인 시공간여행을 행하며 살고 있다. 현실세계가 아닌 다른 세계와의 교류는 죽음과 혼돈, 끝없이 연속적으로 발생하는 사건들, 계절의 순환을 지배하는 생의 이면으로의 여행을 의미한다. 토착민의 선조는 절대적 원형의 존재로, 인간에게 필요한 기술, 사냥, 전쟁, 섹스, 직조, 바구니 짜기 등과 같은 기술을 전수해주었고, 그 기술들은 세속적인 것이 아니라 신성한 것으로 받아들여졌다.

　예를 들어, 오스트레일리아 원주민들은 사냥을 나갈 때 최초의 사냥꾼과 일체가 되기 위해 그들의 행위를 최대한 모방하려 노력한다. 행위를 통해 선조들이 전수해준 기술을 익히고, 나아가 생의 이면에서 선조들과 해후邂逅함으로써 영원불멸의 세계를 접하는 원형적 경험을 하게 되는 것이다. 그러므로 그들의 행위는 신들과의 만남 혹은 교합을 위한 신성한 것이다.

　현재 유럽의 후기구석기 동굴벽화에 묘사된 인물의 이미지는 그 자체만으로도 매우 중요한 상징적 의미를 담고 있다. 앞서 보았듯이 라스코 동굴벽화에는 새 가면을 쓴 샤먼이 들소와 새 형태의 솟대와 함께 같은 공간에 삼각구도를 형성하고 있다. 또 이 이미지를 보기 위해서는 동굴에서 가장 은밀하고 깊은 장소로 가야 한다. 그리고 선조 때부터 '성스러운 장소'로 선택된 그곳에서 하늘에 기원을 드리는 의식을 치렀으며, 그곳은 의식을 주관하거나 관련이 있는 이들에게만 출입을 허용했다. 그렇다면 누가 무엇을 위해 라스코 동굴의 성스러운 장소에서 이런 의식을 행한 것일까?

첫째, '누가' 행한 것일까? 이미지 속 인물이 샤먼이라면 그에게 엑스터시는 원초적 기술 중 하나이며, 넓은 의미에서는 신비주의이고 주술이며 종교이기도 하다. 샤먼이 종교의식을 주관했던 흔적은 지금도 시베리아와 중앙아시아 지역에서 우세하게 나타난다. 언어의 변이 과정을 보더라도 '샤먼'은 퉁구스어*의 '사만ˢaman'에서 유래하여 러시아를 통해 전해진 것으로 나타난다. 중앙아시아와 북방아시아를 포함한 거대한 지역에서는 엑스터시에 정통한 자는 샤먼이라고 믿고 있으며, 이러한 샤먼을 중심으로 그 사회의 주술과 종교적 생활이 이루어지고 있다. 또한 샤먼은 '트랜스trance'의 전문가로, 사람들은 그가 실신 상태에 들어가 있는 동안 그의 영혼이 육체를 이탈해 하늘로 올라가고 지하세계로도 내려간다고 믿었다. 다시 말해, 샤먼은 살아 있는 자들을 천상 또는 지하세계와 연결시켜줄 수 있는 '쌍방향적 소통'의 끈을 지녔다고 여긴 것이다.

둘째, 그렇다면 샤먼은 '무엇을 위해' 이곳을 찾아 의식을 치렀을까? 당시 동굴 거주자들은 자연환경에 적응하고 극복하기 위해 동굴 입구에서부터 발견되는 이미지들의 축적된 정보를 통해 한계상황을 이겨낼 수 있는 '원초적 지혜'를 전수받고자 했음을 짐작할 수 있다. 라스코 지역의 사냥꾼이 되기 위해서는 깊은 동굴 속의 벽화 앞에서 '성인식'을 통과해야만 했다. 수렵사회의 사냥꾼은 단순히 힘만 좋으면 되는 것이 아니라, 의식을 통해 조상의 원초적 지혜를 전수받아 고통과 공포, 두려움과 생명력을 반드시 경험해야만 했다. 여기서 원초적 지혜를 단순히 머리로 아는 것만으로는 충분하지

* 시베리아 동부, 사할린 섬, 중국 만주와 신장 등에 분포하는 언어

않았다. 선조들이 경험했던 '그때 그 순간'의 행위를 모방하고 기념의식을 치름으로써 지혜를 '기억'하는 것이 그들의 통례였다. 반복과 재현의 과정을 무수히 거치면서 인간은 무의식 속에 기억을 저장하게 되고, 이로써 수없이 많은 세대가 지난 후에도 자신의 전통을 알고 찾을 수 있는 것이다.

라스코의 사냥꾼은 '원초적 시간', 즉 그 사건이 처음 생겼던 시간을 통과의례와 의식을 통해 경험하면서 재탄생을 체험했다. 이러한 체험은 그들에게 세상에 존재하는 것들의 존재방식과 그에 대응하는 인간의 태도, 행위규범, 제도 등을 가르쳐주었고, 그것은 곧 인간 행위의 모범이 되었다. 인간은 원초적 지혜를 앎으로써 세상에 존재하는 것들을 자신의 의지대로 통제하고 조작할 수 있게 되는 것이다.

이렇듯 수렵인들은 시간과 공간의 '위대한 회귀적 변화'를 보며 죽음과 부활, 풍요와 재생 등의 통과의례를 치렀다. 아침에 바다 위로 떠오르는 태양이 밤이 되면 다시 바다로 들어가버리는 현상을 관찰하며, 하나의 사이클로 끊임없이 재생되는 자연의 섭리를 신의 강력한 메시지로 받아들인 것이다. 그래서 고대세계에서는 사냥, 낚시, 농사, 분쟁, 성행위 등 명확한 목표를 추구하는 활동에 늘 의례가 존재했다.

사냥에는 샤먼의 꿈이 담겨 있다

인간이 느끼는 감정의 세계는 상상의 날개를 펴고 사고를 구체화하기도 하고 의미를 부여하여 또 다른 하나의 이미지가 탄생되기도 하며, 이로써 새로운 이론이 펼쳐진다. 현실적으로는 불가능한 '들소와 한 남자와의 격투'를 그린 것이 들소를 단지 짐승이 아니라 인간과는 다른 생명의 존재로 해석한 구석기인의 상상력의 소산이라면, 이를 통해 인물 이미지의 원초적 상징성을 짐작할 수 있을 것이다. 수렵인들이 가장 두려워한 존재는 바로 자신들이 가장 '신성시하는 존재'이기 때문이다. 그토록 두렵고 신성한 존재를 다룰 수 있는 유일한 존재가 바로 샤먼이었다.

[40] 니오 동굴벽화: 단순히 들소의 구체적인 묘사에만 머무르지 않고, 들소가 인간이 만든 화살에 맞는 순간을 포착하여 그림으로써 사냥 전의 두려움을 없애고 인간의 우월함을 표현하려 한 흔적을 엿볼 수 있다.

　구석기시대의 수렵인들은 동물이 인간과 다른 면을 가졌으나 인간과 대등하며 존중받고 소중히 다루어야 할 존재라고 생각했다. 따라서 동물을 죽이는 것은 곧 친구를 죽이는 것과 같이 해석될 수 있다. 인류학자들은 현대의 토착민들이 새를 종종 '사람들'이라고 부르며 신들과 같은 존재로 칭하는 것을 발견하였다. 성공적인 사냥 뒤에 토착민들은 죄의식을 느꼈고, 동물을 사냥할 때는 감사하는 마음으로 죽여야 한다고 믿었다. 따라서 죽음으로 다시 생명을 소생시키는 제의를 행하는 것이 수렵사회 문화에서는 기본적인 신앙의 주제였다고 볼 수 있다.[40] 고대의 거의 모든 종교의 의례에는 동물을 제물로 바치는 의식이 있는데, 이것은 인간을 위해 목숨을 내놓은 동물을 기억하려 했던 옛 수렵인들의 의식이 보존된 것이다.

　이와 같이 그들에게 제공되고 입력된 들소에 대한 경외감 및 인물 이미지의 상징적 정보 그리고 선조들의 지혜를 전수받아 그것들이 자신들 집단의 토템 및 부적의 역할까지 수행할 수 있게 되었다고 해석할 수 있을 것이다. 따라서 라스코 동굴벽화의 인물 이미지를 통해 '영웅신화'는 입문식의 체험 또는 샤먼이나 사냥꾼의 체험으로부터 탄생했음을 짐작할 수 있다.

[41] 라스코 동굴 입구의 '황소가 있는 갤러리' 전경

동굴 천장에 그려진 이미지 기호들은 좁고 긴 동굴을 힘들게 기어서 들어온 이들로 하여금 뜻깊은 교감을 나누도록 해주었고, 그것은 신과의 특별한 조우이자 마술적 세계와의 만남이었다.[41] 그러므로 깊은 동굴 속은 마을의 젊은이들 중에서 사냥꾼이 될 청년의 입문식을 거행하기 위한 공간이었을 가능성이 높다. 사냥꾼이 된다 함은 한 공동체에서 사먼과 같은 역할을 할 수 있는 자가 됨과 동시에, 소년에서 성인의 세계로 들어선다는 것을 의미한다.

라스코 동굴벽화의 이미지들은 자연의 변화 및 삶과 죽음, 행복과 불행 등에 대한 현상학적 고민들이 비단 현대인들만의 것이 아니었음을 보여준다. 구석기인들은 자신들의 거주 지역에 주로 서식하는 동물들의 형태와 생태를 관찰하여 그림으로 표현하였다.[42], [43] 그들이 원하는 강인한 생명력의 원천이 황소나 들소, 수사슴, 산양, 야생말, 멧돼지 등에 깃들어 있다고 믿었기 때문이다.

또한 그들에게 이미지란 외부세계뿐 아니라 내부세계의 표상 및 재현으로서 무언가를 보여줄 뿐 의미를 강요하지 않았으므로 그 자체로 커뮤니케이션의 도구가 되었다. 따라서 주술 혹은 마술, 샤머니즘의 이미지가 전하

[42] 아리에즈 동굴의 르 포르텔(le portel): 말의 형태는 단순하고 반복적인 선으로 그려져 있으며, 강조된 앞다리는 또 다른 상징(sign)을 암시하는 듯하다.

[43] 알타미라 동굴벽화의 습작: 동물들의 일시적인 동작 및 서로 공격하고 분쟁을 일으키는 모습 등을 관찰하여 춤의 동작으로 표현하였다.

는 먼 과거의 정보는 시대를 초월한 커뮤니케이션의 가능성[28]을 열어주었고, 이로써 우리는 인류의 '보편타당한 인식'에 대한 정보를 공유할 수 있게 된 것이다.

3. 여성의 이미지

[44] 아르테미스 여신: 활과 화살을 들고 있으며 동물이 늘 함께 따라다닌다.

여신, 생명의 원천이자 동물의 수호신

인류가 최초로 문화예술의 흔적을 남긴 때부터 현재에 이르기까지 끊임없이 표현되어온 대표적인 이미지는 '여성의 이미지'이다. 평면적이고 근육질인 남성의 육신에 비해 여성의 육신은 입체적이고 굴곡이 있으며, 무엇보다 새로운 생명체를 잉태하는 특징이 있다. 또한 달 기울기의 변화에 따라 여성의 몸은 새 생명을 맞이할 준비를 하며 변화를 겪게 되는데, 변형에 의한 이미지는 구석기시대부터 삶과 죽음을 관장하는 상징적 의미를 지녔다.

후기구석기시대 동굴벽화의 이미지들은 강렬한 생명의 기운으로 가득 찬 남성적 이미지, 즉 샤먼과 사냥꾼, 황소와 수사슴 등에 대한 묘사가 주를 이루었다. 그러나 새 생명을 잉태하기 위해서는 이런 남성의 이미지가 여성의 이미지와 연결되어야 한다. 앞서 우리는 순방향과 역방향의 크로스를 통해 음양의 합일을 표현하는 라스코 동굴벽화의 이미지를 보았다. 또한 낮과 밤 같은 사이클의 반복을 통해 얼었던 땅에서 새롭게 피어나는 생명들의 반란을 여성의 생명 잉태와 같은 의미로 기호화한 경우도 보았다. 따라서 이미지를 통해 초기 인류는 하늘의 기운을 여성성으로, 땅의 기운을 남성성으로 인식하였음을 확인할 수 있다.

사냥이 남성에게 국한된 활동이었는지에 대한 명확한 근거는 없지만, 가장 능력 있는 사냥꾼 중에 여성이 있었음을 증명하는 단서는 존재한다. 그리스신화의 아르테미스Artemis 여신은 '동물의 수호신'으로 알려져 있으며, 사냥꾼이자 원시 자연의 수호신으로도 해석되어왔다.[44] 프랑스와 에스파냐의 국경을 이루는 피레네Pyrénées 산맥에서 시베리아의 오지에 숨어 있는 바이칼Baikal 호에 이르는 광대한 지역에서는 돌과 매머드의 뼈, 사슴뿔 그리고 석회암 등에 새겨진 기원전 25000~15000년경 구석기시대의 작은 여성상이 발견되었다.

아르테미스 역시 아프로디테와 마찬가지로 이 구석기 여성의 이미지 중 하나가 구체화된 것으로 여겨진다. 그녀는 동물의 여왕이자 삶의 원천적 성향이라 할 수 있는 무자비함과 까다로움, 복수심과 무서움을 모두 가진 존재이다. 이 여신의 옆에는 종종 동물의 잔해, 즉 황소의 뿔이나 멧돼지의 두개골이 놓여 있는데, 이들은 모두 성공적인 사냥의 결과물이며 남성을 상징한다. 이처럼 사냥 활동을 하는 남성들에 의해 사회가 움직였음에도 구석기시대부터 여러 대륙에 걸쳐 '위대한 어머니상'을 추대한 모계사회가 열린 까닭은 무엇일까?

앞서 라스코 동굴벽화 이미지를 그룹화한 것이나 삼각구도의 내레이션을 통해 추적한 샤먼의 정체성 등을 놓고 볼 때, 수렵인들에게 가장 중요한 삶의 이정표는 생명의 영원성과 새 생명의 탄생 및 재생 등 '생명의 강한 회귀성'이라고 할 수 있다. 따라서 달의 변화에 따라 새로운 생명을 잉태하는 여성의 육신은 점차 거대한 지모신地母神의 존재로 상징화될 수 있었다. 남성들은 사냥감을 찾아 매번 목숨을 걸고 위험한 모험을 떠나야 했던 반면, 여성들은 생명을 잉태하고 보호하기 위해 안전한 공간에서의 정착을 필요로 했기 때문이다.

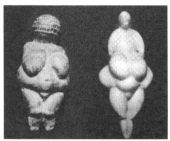

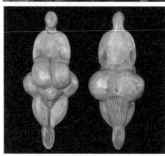

[45] 위에서부터 차례로 오스트리아 크렘스(Krems)에서 발굴된 빌렌도르프의 비너스, 프랑스에서 출토된 레스퓌그 · 로셀 · 브라상푸이의 비너스

(1) 삶과 죽음, 그리고 하늘을 관장했던 지모신

얼굴 없는 구석기시대의 비너스

오스트리아 빌렌도르프Willendorf에서 출토된 비너스와 프랑스의 레스퓌그Lespugue · 로셀Laussel · 브라상푸이Brassempouy의 비너스[45]를 보면 여성의 가슴과 둔부, 성기 등이 유독 강조되어 있는데, 이는 풍요와 다산을 상징한다. 또, 구석기인들은 여성을 '생명을 잉태하는 새로운 생명의 원천적 상징'으로 받아들였음을 확인할 수 있다. 소모되는 성으로서의 남성과 달리 여성은 부족의 존속을 보장했고, 여성이 생명을 보유하기 위해서는 또 다른 생명, 즉 남성과 동물들의 끊임없는 희생이 필요했다.

여성성의 원초적 의미인 다산력은 구석기 수렵사회에서 중요한 역할을 담당했다. 남자들이 사냥을 위한 입문식을 거치며 죽음을 각오하는 데 반해, 여성들은 생명을 탄생시키기 위해 여러 생명들의 희생에 따른 결과물을 흡수하는 광활하고 무시무시한 특징을 지녔기에 하늘의 신으로 상징화되었다. 따라서 인간의 성sexuality은 본질적으로 대지를 비옥하게 만드는 신성한 힘과 같은 것으로 여겨졌다.

구석기시대에 만들어진 여성상들은 종종 얼굴이 없거나 머리가 없다. 또 머리가 있으면 얼굴이 없고, 얼굴이 있으면 눈과 입이 없는 경우도 많다. 이 여성상들은 주로 주거 지역에서 발굴되었기 때문에 일상에서 행해진 생활종교와 관계가 있었으리라 추측된다. 그렇다면 왜 얼굴 없는 여성의 모습으로 형상화되었을까? 얼굴이 없는 것은 무엇을 의미할까? 단순히 묘사가 어렵고 테크닉이 미숙했기 때문일까 아니면 상징적 의미가 담긴 하나의 신호일까?

만약 구석기인들이 여성상을 초자연적인 존재로 간주했기 때문이라면, 이를 뒷받침할 수 있는 대목이 있다. 여러 지역에서 발견되는 초기 인류의 문화적 흔적들 가운데서 '눈', 즉 '초자연적 시선'에 대한 언급과 해석을 찾아

볼 수 있기 때문이다. 그리스신화에 등장하는 여자 괴물 고르곤Gorgon[46]은
시선으로 모든 생명체를 죽였고, 라미아Lamia는 아이들을 잡아먹는 무시무
시한 여자 괴물이었지만 눈을 없애면 아무런 해도 끼치지 못하였다. 또, 북
아메리카 인디언들의 신화에서도 눈에 붕대를 한 괴물이 등장하는데, 괴물
이 붕대를 풀었을 때 그 눈을 본 사람은 바로 죽었다고 한다. 이처럼 초자연
적인 존재의 시선이 사람을 죽일 수 있다는 믿음은 전세계에 분포해 있다.
이러한 믿음은 새 신부의 얼굴을 면사포로 가리고 근동 지역 여성들이 얼굴
을 가리기 위해 차도르를 뒤집어쓰는 것에서도 찾아볼 수 있다.

　여성상은 전 인류의 시모始母이면서, 선과 악의 개념이 분명치 않은 동물
과 자연의 신비로운 힘을 형상화한 존재였던 것으로 보인다. 이집트의 사랑
과 기쁨의 여신인 하토르Hathor도 원래의 상징과는 상반되게 '암사자의 얼
굴'을 하고 있으면서 인류를 멸망시킨 세크메트Sakhmet'의 모습을 동시에 지

니고 있다. 앞서 본 그리스의 아르테미스 또한 달의 여신이자 사냥과 동물, 야수의 수호신이며, 구석기시대 사냥꾼의 모습을 그대로 반영한다. 그러므로 아르테미스 여신 역시 생명의 원천이자 동물의 여왕이다.

구석기시대의 여성은 새로운 생명을 잉태하여 존속을 보장하는 반면, 남성은 그 생명과 여성을 지키기 위해 끊임없이 강인함을 기르고 새로운 생명을 갖길 원했다. 그러므로 여성은 신비로운 생명 그 자체를 상징하는 하늘의 신이 되었고, 쉼 없이 사냥을 해야 했던 남성은 하늘의 신을 모시는 땅을 수호하였다.

생명의 비밀을 간직한 지모신은 자연 그리고 인간의 삶과 죽음을 주관하였고, 자연현상이 가져다주는 어떤 피해도 악으로 규정하지 않았다. 따라서 구석기인들은 인간 스스로 선과 악이라고 규정한 개념들을 초월하여 자연 그대로의 섭리를 따르는 것을 여신의 뜻으로 여겼다. 위에서 언급한 여성상이 가진 양면성은 사실 초자연적인 현상으로 인해 나타난 것이다. 최초의 인류는 지구상에 거주하게 되면서 낮과 밤, 계절, 비와 하늘, 천둥과 번개, 태양과 바람, 대지와 바다 등 일정한 듯하지만 불규칙한 자연의 변화를 겪어야 했고, 이 과정에서 온갖 고통과 시련, 행복과 불행, 삶과 죽음의 사이클 등을 견뎌야만 했기 때문이다. 이렇게 인류가 자연현상을 극복하고 살아남기 위해 눈이 없는 신을 모시고 의례 행위를 한 흔적들은 여성상을 통해 처음으로 밝혀지기 시작했다.

여신의 머리카락과 하늘의 비 그리고 염원

그림45를 보면 구석기시대의 대표적인 여성상, 빌렌도르프 비너스[*]의 얼굴은 생략되었지만 머리는 가로 긋기와 짧은 세로 긋기가 더해져 칸으로 채워진 듯한 모습을 하고 있다.[45] 이것은 머리카락을 도식화한 것으로 보이며, '비'를 나타낸다고도 해석할 수 있다.

신석기시대의 토기나 문양에서 자주 등장하는 빗이나 지그재그 모양의

* 기원전 25000년경 구석기시대의 마지막 빙하기에 5~25cm 크기로 돌에 새겨짐

선은 단순히 비를 상징하는 데 그치지 않고 나아가 신의 역할까지 드러내는 성스러운 상징의 표시이다. 신석기시대의 농경인들에게 비는 하늘의 여신이 내린 선물이었다. 물결 모양의 머리카락 역시 여신의 특징이면서 비를 연상하게 한다. 대체로 머리카락은 하늘의 여신 외에 지신地神 즉, 남성적 힘의 수호자를 상징하기도 한다. 그러므로 빌렌도르프 비너스의 머리카락은 여신의 상징인 비로 간주되며, 하늘에 올리는 기우제에서와 같은 구석기인들의 염원을 담은 상징물로 볼 수 있다.

빌렌도르프의 비너스와 더불어 레스퓌그의 비너스와 로셀의 비너스, 브라상푸이의 비너스도 만삭에 가까운 여성의 모습으로 주로 다산과 풍요를 상징한다. 새로운 생명을 잉태한 여성의 모습은 또 다른 육신으로의 변형을 의미하고, 그러한 변형에 초자연적 의미가 부여되면서 신화의 본질적 요소로도 응용되었다. 자연의 세계는 쉼 없는 '변형'으로써 삶과 죽음을 시사하는 데 반해, '정지된 한순간의 모습'으로 표현된 이미지는 삶 속에서 가장 선호하는 시기의 모습을 기리기 위한 것일 가능성이 높다. 즉, 인간의 욕망 중에서도 가장 원초적이며 절실한 상태의 모습을 기리기 위한 것으로, 초기 인류가 생명에 대해 가졌던 강인한 욕구를 나타낸다고 볼 수 있다. 이러한 맥락에서 여신은 때로는 식물, 비, 하늘로 상징화되기도 하였다. 초기 인류가 자연이라는 거대한 힘 앞에서 할 수 있었던 건 그저 간절한 염원을 담아 자연을 형상화한 상징적 존재에게 기원하는 일이었던 것이다.

로셀의 비너스는 다른 여성상들과는 달리 뿔잔 같은 것을 들고 있다. 뿔은 구석기시대 사냥꾼들이 고대하였던 수확물과 풍요를 상징하기도 한다. 그렇다면 이 비너스는 남성의 상징을 손으로 들고 있는 여신을 표현한 것으로, 수확물과 풍요라는 남성성과 생명의 영속성을 보장하는 여성성의 결합을 반영하고 있다고 볼 수도 있다.

또 고대 그리스나 인도, 발트 연안의 슬라브 족들이 종교의례를 행할 때 헌주獻酒로 기념하는 풍습이 있듯, 이해할 수 없는 모든 일에는 초자연적인

[47] 그리스 낙소스(Naxos) 섬에서 출토된 키클라데스의 여성상

* 에게 해에 있는 그리스 군도로 델로스 섬을 중심으로 원을 이루는 섬들을 뜻함

힘이 깃들어 있다고 믿었던 구석기인들도 술을 마시면 느끼게 되는 특별한 기분 그 자체에 주술적인 힘이 있다고 여겼을 수 있다. 그러나 경우에 따라 뿔잔은 달을 상징하기도 하고, 다산을 상징하면서 불사의 생명력을 가져다주는 신비의 그릇으로 여겨지기도 한다.

구석기시대의 비너스는 말기에 사라졌다가 기원전 8000년경 신석기시대에 다시 등장한다. 구석기시대의 여성상은 피레네에서 바이칼, 인도까지, 즉 유라시아 대륙에 출현하였지만, 신석기시대의 여성상은 근동과 남유럽에 분포하였다. 기원전 2500~2000년경 키클라데스Kikladhes* 문명 지역에서 출토된 여성상[47]은 앞서 피레네 지역을 중심으로 출토된 여성상들과 달리, 전체적으로 도식화되어 있어 마치 현대의 작품을 보는 듯하다. 또 얼굴에서 눈과 입은 생략된 채 코만 간단히 표현되어 있으며, 두 팔은 팔짱을 끼고 있다. 마치 꼭 필요한 선들로만 구성된 듯한 이 실루엣은 21세기 오스카 영화제 트로피로도 인용된 디자인으로, 차라리 초현실주의 작품에 더 가까워 보인다.

(2) 신석기 혁명이 낳은 대지의 여신, 여사제

농경의 시작과 여성 샤먼의 등장

한 치 앞도 내다볼 수 없는 삶의 고투 속에서 수렵시대의 지모신은 초자연적인 생명력을 탄생시키고 자연에 질서를 부여하는 우주의 비밀을 간직한 존재였다. 그러나 수렵사회가 끝나고 농경사회로 접어들면서 인류는 보다 구체적인 형태의 신을 믿게 되고, 그에 따라 샤먼의 역할과 이미지들도 대륙별로 다양하게 등장한다.

아프리카, 아메리카, 시베리아 등에서 발견된 암각화에서는 동물을 죽이는 시늉을 하고 의례에서 주술적 역할을 맡고 있는 여성들의 이미지가 발견

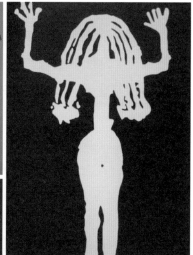

[48] 위의 두 개는 중앙아라비아 반도에서 발견된 '긴 머리의 영혼' 여성상, 아래 두 개는 알아인 암각화에 새겨진 여성상으로, 각각의 여성상 부분만 확대한 것이다.

된다. 그렇다면 앞서 보았던 라스코 동굴벽화의 남성 샤먼이 여성으로 대체된 것일까? 우선 구석기시대와 신석기시대에 나타난 여성상과 그 상징적 의미에 관한 여러 해석을 통해 이 의문을 풀어보도록 하자.

중앙아라비아 반도에서 발굴되었으며 길이가 3m에 가까운 암각화에 새겨진 '긴 머리의 영혼Long-Haired Spirits' 여성상을 보자.[48] 이것은 기원전 14000년경 새겨진 것으로 추정되며 두 팔을 구부려 높이 들고 머리를 풀어헤친 채 허리에 칼을 꽂고 있는 실루엣으로 도식화되었다. 두 팔을 하늘 높이 든 모습은 수피즘Sufism*의 춤을 연상케 하는데, 춤은 고대사회에서 성스러운 행위를 표현하는 방식이었다.

인간은 하늘을 향해 손을 뻗어 더 높은 의식 상태로 상승함으로써 열악한 인간의 조건을 초월하고자 하였다. 그리고 무아경 혹은 정신 집중의 상

* 이슬람교의 신비주의적 분파

태에 이르는 기술과 의식을 고안하여 실제로 상승을 구현하려 했다. 이러한 비행과 상승의 신화는 모든 문화에 걸쳐 나타난다 해도 과언이 아니다. 여기에는 육신의 속박으로부터 자유로워져 새처럼 훨훨 하늘 높이 날고 싶은 열망, 초월에 대한 인류의 보편적인 갈망이 담겨 있다.

이와 같은 상승의 신화는 구석기시대까지 거슬러 올라가며, 수렵사회에서 종교적 역할을 담당하는 샤먼과도 관련이 있다. 수렵사회에서 사냥은 매우 위험한 활동이면서 종교적 의미가 부여된 행위였다. 프랑스의 라스코 동굴벽화를 통해 보았듯, 사냥의 정신 속에는 샤먼의 환상과 꿈이 담겨 있다. 안전한 동굴을 버리고 며칠이 걸릴지, 살아 돌아올 수 없을지도 모르는 사냥을 떠나기 전, 샤먼은 무아경과 황홀경에 이르는 초월적 정신으로 하늘과 소통하여 안전과 무사귀환을 기원하였던 것이다.

그렇다면 왜 중앙아라비아 반도의 암각화 속 샤먼은 여성의 모습을 하고 있는 것일까? 이미지의 성별에 따라 시대를 구분하기엔 남아 있는 이미지들이 턱없이 부족하므로, 우리는 다만 시대를 대표하거나 남아 있는 이미지들 중 가장 많이 소개된 작품만을 비교할 수 있을 뿐이다. 그렇게 비교해볼 때, 구석기시대엔 위험한 사냥을 통해 사람들에게 먹을거리를 제공해 준 이들이 주로 남성들이었던 반면, 신석기시대에는 농경이 시작되면서 무한한 생명의 조화로움을 펼쳐내는 대지가 마치 생명을 탄생시키는 여성의 자궁처럼 여겨져 여성의 중요성이 더 부각된 것으로 유추된다.

신석기 혁명으로 인류는 새로운 삶의 방식을 추구하게 되었고, 여성이 아이를 낳는 것처럼 씨앗을 품은 대지도 자궁으로부터 만물을 만들어낸다고 여겼다. 그러한 인식은 유럽과 북미의 창조신화에서도 찾아볼 수 있다. 구석기인들이 신성한 동물을 만나기 위해 깊은 지하 동굴을 찾았던 것처럼, 창조신화의 주인공들도 대지 그 자체를 신성시하였으며 대지를 여성과 동일시하였다. 이처럼 대지의 풍요는 여성의 다산과 밀접한 연관이 있었다.

신석기인들은 인간, 나무, 흙 모두 대지에 속한다고 믿었고, 그러한 인식은 특정 장소에 대한 깊은 동질감을 만들어냈다. 대지를 상징하는 여성은 신성성과 주술적·종교적 힘을 가진 존재로 여겨졌고, 농경의 발달로 그 힘이 더욱 중요시되었다. 농경의 경험을 통해 생명의 탄생과 죽음 그리고 재생의 신비와 동일시되는 씨앗의 주기적인 변화로 대지에서 놀라운 생명의 증식이 일어난다는 사실을 알았기 때문이다.

긴 머리의 영혼 여성상은 의식을 치를 때 착용하는 특수한 가발 혹은 가면을 쓰고 특별한 의상을 입은 채로 하늘을 향해 두 팔을 뻗고 있는데, 이는 마치 샤먼이 무아경에 빠져 있는 듯한 모습이다. 어디에서나 춤과 음악은 신성한 의식을 치르거나 여흥을 즐길 때 빠질 수 없는 필수요소였다. 샤먼은 춤을 추고 북을 연주하는 특별한 의식을 통해서 무아경에 빠질 수 있었던 것이다. 이러한 이미지는 기원전 3000년경의 철기시대에 제작된 알아인Al-Ayn 암각화에서도 나타난다.[48] 앞선 시대보다 머리 장식이 더 도식화되고 단순화되었을 뿐, 포즈나 형태는 거의 같다.

이렇듯 수렵이 중심을 이루었던 시대의 여성성은 용감한 사냥꾼을 잉태하는 생명의 발상지, 즉 하늘의 역할을 수행한 지모신에서 출발하였다. 따라서 지모신의 보호하에 남성은 샤먼의 역할을 수행할 수 있었다. 그러나 농경 중심의 신석기시대가 되면서 신석기인들은 모든 생명의 시작과 끝이 대지로부터 왔다고 믿게 되었고, 이로써 여성성도 하늘에서 대지로 이동하였다고 유추할 수 있다. 그러므로 그림48에서 여성 샤먼이 등장한 것은 샤먼이 남성에서 여성으로 교체된 것이 아니라, 생명의 근원지에 대한 인식이 달라짐으로써 생긴 변화를 상징하는 것이다.

'인식의 변화'라는 거대한 패턴은 하루아침에 이루어지는 것이 아니다. 수천 년의 오랜 시간에 걸쳐 발생하는 사회문화의 변이는 개인이 의식하지 못할 만큼 느리게 이루어지다 결국 하나의 커다란 인식 패턴에까지 영향을 준다. 마치 근대화 이후로도 수십 년이 지나 세대의 교체가 이뤄졌음에도 한국과 일본의 역사가 남긴 아픔을 전혀 겪지 못한 세대까지 여전히 그 아픔을 간직하고 있는 현상처럼 말이다. 따라서 두 나라가 아픈 역사를 뛰어넘어 새로운 의식을 갖기 위해서는 아마도 더 많은 세월이 필요하리라 생각된다.

인류의 역사 속에서 구석기시대에서 신석기시대로 변화하는 데에는 무려 10,000년 이상의 시간이 소요되었음을 간과해서는 안 된다. 하늘과 땅에 대한 인식의 변화는 그토록 더디지만 지속적인 인류의 인식 변화는 곧 문화와 기술의 변화뿐만 아니라, 나아가 거대한 하늘과 땅의 움직임까지 가져왔다.

(3) 시대마다 달라지는 아름다움, 미의 변천사

바다에서 탄생한 아프로디테

앞서 보았듯 구석기시대의 비너스는 머리카락만 갖고 있을 뿐 얼굴이 없다. 이에 반해 신석기시대를 지나 청동기로 들어선 기원전 2세기 말경에 제작된 밀로Milo의 비너스[49]는 아름다운 얼굴과 팔등신의 완벽한 몸매를 자랑한다. 미美의 기준이 판이하게 달라 보이는 두 문화권의 여성상을 우리는 어떻게 받아들여야 할까? 농경의 시작과 더불어 부계사회로 들어선 그리스 시대의 대표적인 미의 여신, 아프로디테Aphrodite는 '균형과 조화'의 비율로 여겨지는 팔등신의 신체를 자랑한다. 하지만 수렵 생활을 하던 모계사회를 대표하는 빌렌도르프의 여성상은 이제 막 출산을 앞둔 만삭의 몸이 아니던가.

동·서유럽에서 공통으로 발굴된 이 구석기시대의 여성상은 수렵인들의 삶의 패턴에 따른 그들만의 가치관을 알려준다. 즉, 그들에게는 늘씬한 모습을 한 현대의 미인보다 다산과 풍요를 상징하는 임신한 여성이 사회적으로 더욱 필요했던 것이다. 다산과 풍요는 삶의 질을 향상시키고 삶에 안정

[49] 아름다운 얼굴과 완벽한 팔등신의 몸매를 자랑하는 그리스 밀로의 비너스

을 가져다준다고 여겼기 때문이다. 또, 휴대와 이동이 수월한 작은 형태인 것으로 보아 여성상은 대모신大母神으로 숭배되어 집집마다 안치된, 생활종교의 일부였음을 짐작할 수 있다. 수렵사회에서 여성은 아이의 양육과 비상 식량을 책임져야 했고 냉혹한 기후와 풍토, 맹수들의 공격을 극복하며 살아 가야 했기에, 여성들이 한가로이 자신의 미를 가꾸며 살 수 있는 여건은 마련되지 않았다. 반면에 새 생명을 잉태하는 여성의 모습은 자연현상과 같이 자연스럽게 받아들여졌을 뿐 아니라 경이로움을 유발시켰다.

그러나 인류사史의 첫 번째 혁명이라 할 수 있는 '신석기 혁명'은 인류에게 새로운 삶의 패턴을 가져다주었다. 우주의 신비에 대한 인식, 삶과 죽음이라는 이분법적 논리가 발생하면서 사람들은 신화와 전설, 종교에 눈을 뜨기 시작하였다. 또, 한곳에 정착하여 땅을 일구고 살게 되면서 점차 부계사회로 전환하게 되었다. 그러면서 여성들은 자신의 미를 가꿀 수 있는 시간적 여유를 갖게 되고, 사람들은 영원한 안식처가 제공하는 안락함을 누리며보다 아름다운 것에 대한 관심과 다양한 기준을 갖게 되었다. 그리하여 새 생명을 잉태하는 여성은 우주와 대지의 탄생을 불러일으키는 여신으로 추앙되고, 부계사회의 남성들은 여성들이 팔등신의 완벽한 육신과 마음을 가진 여신적인 존재로 남기를 간절히 원하였으리라.

따라서 미의 표현양식style은 인류의 인식 변화에 따라 지금까지 시대별·공간별로 다양하게 존재해왔다. 이제 구석기·신석기시대의 여성상에서 현대의 여성상에 이르기까지 '여성의 아름다움'을 상징하는 이미지, '비너스Venus'의 원형을 만나보도록 하자. 비너스는 그리스 시대의 미美와 사랑, 풍요의 여신인 아프로디테의 로마식 이름이다. 그리스신화에서는 두 가지의 아프로디테의 탄생설이 있다.

우리에게 잘 알려진 첫 번째 설은 아프로디테가 바다의 거품에서 태어났다는 것이다.[50] 탄생설은 다음과 같이 시작된다. 하늘의 신 우라노스Ouranos와 땅의 여신 가이아Gaea 사이에서 괴물 키클롭스Cyclops와 헤카톤케

[50] 바다의 흰 거품에서 태어나 두 발로 대지를 막 밟으려는 순간의 아프로디테를 표현한 부조. 기원전 5세기경

이레스Hecatoncheires가 태어났는데, 우라노스는 두 형제가 흉물스럽고 말썽을 피운다는 이유로 이 둘을 땅속 깊이 가두어버렸다. 이에 앙심을 품은 가이아는 복수를 위해 막내인 크로노스Cronos: 시간을 의미를 시켜 낫으로 우라노스의 생식기를 잘라 바다로 던지게 했다. 이때 '낫'은 죽음과 더불어 새로운 수확에 대한 희망을 상징하기도 한다. 또한 '생식기'는 감각적 쾌락과 창조력을 나타내는 '남근상男根像'의 상징과 유사하다. 즉, 우라노스의 생식기는 생명을 창조하는 힘을 상징한다. 오랜 시간 생식기의 살점은 썩지 않은 채로 바다를 떠다니다 어느 날 흰 거품이 나기 시작하더니 그 속에서 생명의 창조력을 지닌 아프로디테가 탄생하였다. 자세히 알려지지 않은 두 번째 탄생설은 호메로스Homeros의 《일리아스Ilias》에 기록된 내용으로, 아프로디

테가 제우스Zeus와 디오네Dione 사이에서 태어났다는 설이다.

두 이야기 가운데 우리에게 친숙하고 널리 알려진 이야기는 첫 번째 탄생설이다. 즉, 아프로디테는 바다에서 태어난 여신으로 이 여신은 태고의 바다와 같은 여성성을 암시한다. 또한 '진화적 시간'의 의미로 볼 때 아프로디테는 인간의 의식이 발달하기 전, 즉 태초의 시간인 원시성을 상징하는 것으로도 해석할 수 있다. 칼 융Carl G. Jung은 바다가 무의식을 상징하므로 아프로디테는 무의식에 거주하는 신이라고 말한 바 있다. 광활하고 막막하며 변화무쌍한 바다를 인간의 관점에서 완전히 설명하기란 불가능하다. 바다 앞에서 인간은 터무니없이 나약하고 무기력한 존재이기 때문이다.

이렇듯 우리는 아프로디테 여신의 탄생에서 '태고의 원시성'을 만날 수 있다. 의식으로 제어되고 통제될 수 없는 인간의 내면에는 원시적인 관념과 무의식이 잠재되어 있다. '아프로디테적 성향'이란 인간의 의식이 사회적·문화적 환경에 의해 통제되기 전의 상태로, 그 누구, 그 무엇에 의해서도 자신의 욕구를 억제당하지 않고 어떤 것도 배려하지 않으며 자신의 욕구와 욕망을 그대로 쏟아내는 것을 뜻한다. 모든 여성은 내면에 바다와 같이 무한한 원시적 성향을 조금씩 갖고 있다. 출산 후 여성들이 겪는 공허함, 미를 충족하기 위한 화려한 변신에 대한 욕망 등이 아프로디테적 특성에 해당한다. 그러므로 사랑과 결혼을 통해 새 생명을 잉태하는 것은 여성미의 기준이 되었다. 이는 아무리 아름다운 여성일지라도 출산을 하지 않은 여성의 몸은 본질적인 미와 거리가 있음을 시사한다. 이러한 사실은 앞서 보았던 구석기시대의 빌렌도르프의 비너스에서도 확인할 수 있다.

에릭 노이만Eric Neumann은 아프로디테가 바다에서 탄생한 것이 '다산력多産力'을 상징한다고 하였다. 아프로디테는 생명을 탄생시키는 순수한 육체적 사랑을 형상화한 것이다. 수태 행위는 육체적 쾌락만으로도 이루어질 수 있기에 정신적 차원에서의 영적인 결합보다 인간의 본성에 더 가깝다. 아프로디테가 바다에서 탄생되듯, 그리스신화는 생명을 품은 최초의 정자와 생명의 최초 번식이 바다에서 시작되었음을 말해주고 있다. 거품에서 생겨난 여신이 바다에서 뚜벅뚜벅 걸어 나오자 새로운 생명은 땅 위에 뿌려진다. 그래서 아프로디테는 종종 자연의 야성적 창조력을 상징하는 산양과 함께 등장한다.

우리는 라스코 동굴벽화에서 이미 산양의 자연생태적 원형을 보았다. 두 개의 뿔만을 강조하여 길게 늘어뜨린 모습부터 실제의 모습보다 크게 과장하여 표현한 이미지까지, 이런 다양한 형상들은 강력한 번식력 및 생명력을 부각하기 위한 상징인 것이다.

[51] 사과를 들고 있는 천상의 아프로디테

최고로 아름다운 여신과 절름발이 신의 결혼

그리스신화에서 아프로디테는 헤라Hera의 아들인 기술Technology의 신, 절름발이 헤파이스토스Hephaestos와 결혼한다. 최상의 미를 가진 여신과 올림포스Olympos 신들 중 가장 매력적이지 않은 신과의 결합은 무언가 모를 불안감을 조성한다. 물론 신화는 은유적인 표현을 담고 있어 이런 설정 역시 또 다른 상징을 부여하는 것임을 잊어서는 안 된다. 따라서 조화롭지 못한 커플의 결합에도 내포된 의미가 있다.

예술을 관장하는 아프로디테와 기술을 담당한 헤파이스토스의 결합은 곧 예술과 과학기술의 결합을 의미하며, 여기서 그리스인들의 창의적 사고를 엿볼 수 있다. 예술과 과학기술은 조화롭지 못한 결합이지만, 그럼에도 하나로 결합될 때 창의적인 결과물이 나올 수 있다고 믿었던 것이다. 예술과 과학기술의 결합이 새로운 창의적 결과물을 탄생시킨다고 믿는 21세기의 우리와 동일한 인식이 있었음을 알 수 있다.

그러나 두 신의 결합이 가져올 커다란 시너지 효과에도 불구하고, 그들의 결혼생활은 평탄하지 못하였다. 남편에게 만족하지 못한 아프로디테는 천상과 지상에 애인들 —천상에는 아레스Ares와 포세이돈Poseidon, 헤르메스Hermes, 디오니소스Dionysos, 그리고 지상에는 아도니스Adonis와 안키세스Anchises— 을 두었다. 창의적인 결과물을 생산해낼 수 있었음에도 매번 새로운 파트너를 찾아 새로운 사랑을 갈구한 여신처럼, 인류도 끊임없이 새로운 양식을 추구함으로써 시대별로 다양한 예술의 패턴을 낳았다.

고대 작가들은 자신들의 작품에서 여신의 미를 찬양하면서 '사랑스런 미소, 매혹적인 눈빛, 황금물결의 머리카락, 은빛으로 빛나는' 등의 묘사를 즐겨 사용하였다. 그러나 플라톤Platon은 여신의 모습을 천상과 지상의 모습으로 구분했다. 순수한 사랑의 여신을 대표하는 천상의 아프로디테는 천상의 중심핵을 상징하는 사과를 손에 들고 있거나[51] 별의 여왕으로 추대되어 별로 장식된 육신에 날개를 달고 있다.

한편 지상의 아프로디테는 사랑의 화신으로, 여신 옆에는 사랑의 화살을 든 에로스가 함께 등장한다.[52] 또 그녀는 세상의 관능적 사랑을 주도하는 신으로, 다산과 풍요의 상징, 뿔이 달린 산양을 타고 달리는 모습으로도 나타나며,[53] 플라톤의 《향연Symposion》에서는 승리의 여신 혹은 더러움을 정화시켜주는 여신으로도 표현된다. 그리고 프랑스를 상징하는 '자유의 여신'처럼, 머리에는 필로스pilos라 불리는 모자를 쓰고 두 손에는 각각 횃불과 미국의 독립 기념일 및 프랑스 혁명일의 날짜가 새겨진 커다란 서판을 들고 있다.[54] 이렇듯 아프로디테, 즉 비너스의 이미지는 태고의 원시적 의미에서부터 출발하여 수렵사회에서는 다산과 풍요를, 농경사회에서는 사랑과 승리, 정화를 상징하는 등 변천을 거듭해왔음을 확인할 수 있다.[55]

엘리아데의 주장처럼 초기신석기 문화의 종교적 자료들이 보여주는 이미지들을 통해 '여성–흙–식물'의 동일시에는 탄생과 재생(통과의례)을 동일하게 보는 시각이 담겨 있음을 알 수 있다. 뿐만 아니라 사후 영속에 대한 희망, 세계의 중심에 관한 우주론, 거주 공간이 세계를 형상화한다고 믿었던 생각도 엿볼 수 있다. 문자가 전혀 남아 있지 않은 구석기 · 신석기시

[52] 에로스와 함께 등장하는 지상의 아프로디테 이미지

[53] 산양을 타고 달리는 다산과 풍요의 여신

[54] 근대 프랑스 파리의 '자유의 여신'
(왼쪽)과 미국의 독립을 축하하기 위해
프랑스에서 미국 뉴욕에 선사한 '자유의
여신'(오른쪽)

대의 이미지가 내포하고 있는 상징적 표현들을 통해 그 시대를 살았던 사람들의 의식과 사고까지 유추할 수 있는 것이다.

이미지를 통해 우리는 문자만으로는 추측하기 어려운 시대의 사회와 문화가 어떠했는지 엿볼 수 있다. 이것은 빌렌도르프와 밀로의 비너스와 같이 인류의 미적 가치관에 의해 형성된 예술품들의 양식 변화를 통해서도 확인 가능하다. 우리는 초자연적 신성을 지닌 '샤먼'과 '대지의 여신', 이 두 여성의 모습을 표현한 다양한 여성상을 통해 '미'의 인식이 어떠했는지 살펴볼 수 있었다. 역사 속에서 오랜 시간에 걸쳐 변화를 겪으며 남겨진 다양한 이미지들을 통해 우리는 '먼 과거'의 인류가 삶과 죽음을 어떻게 인식하였는지 들여다볼 수 있으며, 나아가 우리 인류의 '오래된 미래'를 보는 긴 안목을 가질 수도 있다.

[55] 정화와 승리를 상징하는 아프로디테가 19세기 외젠 들라크루아(Eugène Delacroix)의 작품 〈민중을 이끄는 자유의 여신〉에서는 자유와 승리의 화신으로 묘사되었다.

[56] 기원전 6세기부터 4세기경까지 표현된 올림포스의 세 여신 이미지: 시간의 흐름에 따라 화면구성과 인물들의 특징 및 상징 도구, 의복의 형태 등이 다양하게 나타나는 것을 볼 수 있다. '헤라'는 올림포스 여왕에 걸맞은 왕관을 쓰고 있고, 전쟁과 지혜의 수호신 '아테나'는 투구와 창, 방패를 들고 있다. 그리고 '아프로디테'의 곁에는 사랑의 마법을 준비하고 있는 에로스가 있으며, 파리스가 선택한 가장 아름다운 여신이 누구인지 알려주는 황금사과가 그녀의 손에 놓여 있다.

그리스의 가장 아름다운 세 여신,
새롭게 태어나다

'3'이란 숫자는 인류의 오랜 의식으로부터 전수된 상징적 기호로 샤머니즘에서 '하늘과 땅, 지하세계'를 의미한다. 지중해 세계에서 3은 남성과 여성을 이어주는 연결 고리를 의미하며 시간과 공간, 의식 그리고 절대적 진리와 영생, 불멸을 뜻하는 '완결과 조화의 삼위일체'를 상징한다. 이처럼 고대부터 인류의 의식 속에는 3이란 숫자에 대한 절대적인 의미가 생성되어 있었다. 이것은 완벽한 조화를 상징하며 이로써 '삼미신三美神'이라는 개념이 탄생한다.

절대적 비례와 균형, 조화에 의한 미의 개념을 정립한 그리스의 삼미신은 트로이전쟁의 발단 부분에 등장하는 신화적 모티브로부터 유래한다. 이는 바로 올림포스 신전에서 자신들이 가장 아름답다고 주장한 헤라Hera와 아테나Athena, 아프로디테Aphrodite, 이 세 여신이다.[56] 신화의 세계에서의 사건은 인간세계의 역사를 바꾸는 전쟁으로 이어지고, 그 운명은 '아름다운 세 여신'에 의해 시작된다. 이것이 트로이전쟁의 발단과 전개이다.

그러나 '삼미신'은 사실 위 세 여신이 아닌, 그리스어인 카리스Charis의 복수형 카리테스Charites로 '기품'과 '아름다움'을 의인화한 존재에서 유래한다. 즉, 신과 인간을 기쁘게 한 덕목으로 미를 나타낸 세 여신으로, 그리스의 시인 헤시오도스Hesiodos는 《신통기Theogony》에서 이를 에우프로쉬네

Euphrosyne: 유쾌함과 환희, 탈리아Thalia: 풍요로움과 축제, 아글라이아Aglaia: 아름다움과 광휘라고 밝히고 있으며, 제우스와 대양의 신 오케아노스Okeanos의 딸, 에우리노메Eurynome 사이에서 태어났다고 기록하였다. 그러나 호메로스의 《일리아스》에서 가장 어린 여신은 헤라의 딸로, 프락시테아Praxithea: 편안함과 미덕라고 말하기도 하였다.

신화 속 세 여신은 주인공이기보다는 종종 아폴론Apollon과 아프로디테와 함께 등장하여, 그들의 곁에서 보좌하거나 즐거움과 아름다움을 선사하는 역할을 담당하였다. 또한 2세기경 파우사니아스Pausanias의 기록에 의하면, 보통 음악 공연장이나 제단 한 곳에서 여러 작가들에 의해 표현된 삼미신을 볼 수 있었다고 한다. 또, 특히 세 여신들은 원래 의복을 착용했으나, 언제부터인지 누드로 표현되기 시작했다고 지적하였다.

루브르 박물관에 소장되어 있는 기원전 4세기경 대리석 부조에 나타난 삼미신은 머리와 다리 부분이 심하게 파손된 누드이다. 중앙의 뒤돌아 서 있는 여신은 부드럽게 양쪽 정면을 바라다보는 두 여신의 어깨 위에 손을 얹고 있으며, 이들 역시 어깨에 손을 올리고 있다. 카리테스의 전형적인 자세인 이 모습은 후대 삼미신의 모태가 되었다. 그리고 삼미신은 종종 '영원한 사랑과 아름다움을 상징하는 장미, 입방체立方體인 도금양桃金孃 가지, 사과'를 손에 들고 등장한다.

'기품'과 '아름다움', 그리고 고전 시기의 완벽한 균형미가 삼미신의 기준이었다면, 그로부터 조금 후인 기원후 63~70년경 폼페이에서 표현된 삼미신의 모습은 사뭇 다른 양식으로 나타난다.[57] 이때는 신화적 모티브에서 벗어나 인체의 조화와 균형, 구도의 비례 등에 더욱 주력하였고, 사실주의적 표현과 고대의 위계적 표현이 적절하게 결합된 윤곽선을 강조하였다.

그리스 · 로마신화는 에게Aegean의 문화예술에 영원히 꺼지지 않는 모티브를 제공하였다. 삼미신에 대한 예술적 표현도 시대에서 시대로 끊임없이 이어지는 주제였다. 그리스의 고전주의와 헬레니즘 양식은 유럽 예술에 커

[57] 그리스 고전 시기 작품의 영향을 받은 폼페이의 프레스코(Fresco)화: 그리스에서는 신화적 모티브에 주력한 설화적 구성에 주력하였으나, 폼페이의 이미지는 화면 구성과 인물의 구도에 더 적절한 균형의 미를 강조하였다.

[58] 키레네의 아프로디테(기원전 4세기경): 콘트라포스토의 고전적인 예이다.

[59] 보티첼리(1445~1510년)의 삼미신: 바람에 휘날리는 옷자락과 베일, 아라베스크식으로 디자인된 머리카락과 배경, 땅을 딛고 있는 것이라기보다 춤을 추는 듯한 인체의 특징이 부드러운 방식으로 유연하게 표현되었다.

다란 영향을 주었다. 폼페이 양식에서 살짝 보이기 시작한 '콘트라포스토 contrapposto'를 통해 우리는 서 있는 여성이 매우 고전적인 자세를 취하고 있음을 알 수 있다. 콘트라포스토는 쭉 뻗은 한쪽 다리에 체중을 싣고, 반대쪽 다리의 뒤꿈치는 약간 든 상태로 무릎을 구부리는 자세를 뜻한다. 체중을 실은 다리는 바깥쪽으로 내밀면서 들어 올린 엉덩이로 자연스럽게 이어지며, 기울어진 한쪽 어깨 때문에 인체가 전체적으로 부드러운 곡선으로 보이도록 하는 효과를 낳는다. 이러한 포즈는 기원전 4세기경 키레네Cyrene의 아프로디테[58]에서 먼저 찾아볼 수 있다.

콘트라포스토는 15세기 이탈리아의 보티첼리Botticelli와 라파엘로Raffaello의 삼미신[59], [60]에서 확연히 드러나며, 헬레니즘을 거치면서 예술표현양식의 창조적 기법 중의 하나로 집대성된 것임을 확인할 수 있다. 라파엘로의 삼미신이 고전주의의 미학적 기법을 그대로 물려받았다면,[60] 보티첼리의 작품은 자연주의적이라기보다는 시적이다.[59] 유연하게 움직이는 모습을 나타내기 위해 구조적인 입체감보다는 드로잉과 율동적인 자세를 표현하는 데 더욱 치중한 것이다.

17세기 네덜란드의 화가 루벤스Rubens의 작품에서는 바로크Baroque 시대의 화려한 색채와 육감적인 인체의 동작이 돋보인다.[61] 바로크적 경향은 형태와 동작의 풍부한 느낌을 강조하고 균형을 중시하며 다양하고 과장된 형태를 강조한, 16세기에서 17세기 초 이탈리아를 중심으로 확산되었던 매너리즘Mannerism으로부터 발전한 양식이다.

20세기에는 새로운 미학적 개념의 등장으로 시대별로 다양하게 표현되었던 인체의 표정이 '무표정의 수사학적 기법'으로 돌아갔고, 아예 위계적 표현기법을 통해 자연현상을 왜곡하는 이미지까지 등장한다. 우리는 피카소Picasso의 〈아비뇽의 처녀들〉(1907년)에서 이와 같은 삼미신의 또 다른 해석을 볼 수 있다. 또, 20세기 초 큐비즘Cubism으로 대두된 분석적 입체주의의 영향을 받아 들로네Delaunay는 보색을 이용한 면으로 삼미신과 붉은 에

펠탑을 표현했다. 인체의 포즈는 앞서 본 삼미신의 구도와 같지만, 또 다른 예술표현양식에 의해 새로운 느낌의 미적 감각을 드러낸다. 화려하고 다이내믹한 색채 표현은 구성주의와 신조형주의와 함께 훗날 추상표현주의 Abstract Expressionism에 영향을 미치게 된다.

지금까지 시대별로 삼미신을 주제로 한 예술표현양식의 변화를 살펴보았다. 각 시대를 대표하는 표현양식과 이미지를 통해 우리는 그 당시 문화의 사회적 위치와 역할을 알 수 있다. 이미지는 그 시대가 신화와 종교적 모티브가 중요했던 시기인지, 그와는 다른 새로운 인식의 전환이 요구된 때인지 등을 알 수 있는 메시지를 담고 있기 때문이다. 동일한 구성의 삼미신 이미지를 분석하여 각 시대별로 문화와 예술의 사회적 요구와 개인적 욕망들이 어떻게 변형되어 나타났는지를 탐구함으로써 '삼미신의 이미지 코드'를 밝힐 수 있는 것이다.

3이라는 절대적 · 상징적 개념에서 출발한 고대의 미는 시각적인 아름다움을 넘어서서 '유쾌함과 환희', '풍요로움과 축제', '아름다움과 광휘'를 상징하는 세 여신으로 의인화되었다. 다시 말해 여기에는 미의 미학적 개념보다 당시 사회의 문화적 배경이 더 강하게 작용하였음을 알 수 있다. 3이라는 숫자가 가진 절대적 상징성은 변함이 없지만, 인간의 기본적 욕구와 인식은 시대별로 계속해서 변화하였다. 미의 개념 또한 육신이 갖고 있는 시각적인 아름다움과 성스러운 이미지, 시각적인 변화에 따른 미학적 관점 등에 의해 다양한 감성으로 표현되었다. 신 중심에서 인간 중심으로의 인식 구조의 변화를 볼 수 있는 르네상스를 거쳐 20세기까지, 한 점의 이미지를 통해 현재를 살아가는 우리가 당대의 문화적 환경을 유추할 수 있다는 사실이 정말 놀랍지 않은가.

[60] 라파엘로(1483~1520년)의 삼미신: 그리스 · 로마 문화예술의 고전주의 기법의 영향을 받은 미학적 표현양식이 돋보인다.

[61] 루벤스(1577~1640년)의 삼미신: 과장된 형태의 매너리즘으로부터 벗어나 육감적이고 생동감 있게 표현하는 자연주의 경향이 재조명됨으로써, 곡선으로 인체를 강조한 표현법이 돋보인다.

문자 기록과 이미지 기록, 그 어느 하나만으로 인류의
문화를 해명해내기란 쉽지 않다. 역사가들이나 인류학
자들이 연구하고 분석하여 이끌어낸 하나의 가설이 있
다면, 반드시 그것을 뒷받침하는 이미지 기록이 존재해
야 그 연구 성과를 인정받을 수 있다. 만약 가설에 이미
지 기록이 첨가되지 않으면, 이는 마치 자동차 사고 시
목격자가 없는 것과 같다. 진실을 규명하기 위해 우리는
그 목격자가 나올 때까지 끈기 있게 인내심을 가지고 기
다려야 한다.

이미지와 역사

들어가는 말

현대의 많은 심리학자들은 이미지에 대해, 실제로는 존재하지 않지만 사라지는 기억을 붙잡아 두기 위하여 만들어진 가시적인 산물이라 하였다. 즉 어떤 것에 대한 감동이나 여러 유사한 예감에 의해 표현되는 '내적 주제'에 관한 산물이라는 것이다. 이미지에 내포된 이 내적 주제들은 결국 예술가나 학자들의 내면세계를 나타낸다. 또한 이미지는 사람들의 무의식으로부터 나와 감정적 현상을 강하게 드러내므로 세월이 흐르며 자연스럽게 획득된 지식을 요약한다고 할 수 있다. 따라서 이미지에 나타나는 의식은 매우 불완전하여 사람들은 언어로 생각할 때보다 더 무의식적으로 접근하게 된다.

호모 사피엔스 사피엔스Homo Sapiens Sapiens가 라스코 동굴벽화를 제작한 것은 인류의 창조적인 예술 행위의 첫 단계라 할 수 있지만, 그 이미지들은 비언어적·시적 도상으로서는 매우 불완전한 형식을 갖추고 있다. 오랜 시간 습득하여 체계화한 사회문화적 정보에 의한 것이 아니라 현재 주어진 자연환경으로부터 인식된 것을 표현했을 가능성이 많기 때문이다. 마스칼 E.L. Mascall은 이미지도 언어와 마찬가지로 코드화와 약호 해독으로는 충분히 기술할 수 없는, 일종의 인식론적인 성격과 기능을 갖고 있다고 주장한다. 왜냐하면 인간은 천성적으로 '보이는 세계'를 자신의 의식 속으로 집어

넣으려 하기 때문이다.

생후 2~3년이 된 아이는 자신의 모습을 표현할 때 동그란 몸통에 두 팔과 다리를 그려 도식화하는데, 시간이 흐르면서 그 낙서들은 점차 형태를 갖춘 암호들로 변한다. 그 이미지들이 언어나 말로 채 표현하지 못한 자신만의 경험을 무의식적으로 반영하고 있다는 사실은 이미 여러 학문들에 의해 밝혀진 바이다. 정신분석학자들에 의하면, 어린아이들이 그리는 신체적 도상은 거울에 비친 자신의 몸에 대한 가상적 이미지를 매개로 형성된 것이며, 자신의 몸을 표현하는 것은 어린아이의 심리와 인격 형성에 중요한 기본적인 단계이다.

그러나 선사시대의 이미지에는 개인 혹은 집단별 무의식뿐 아니라 초자연적인 현상과 존재에 대해서도 강하게 표현되어 있다. 이러한 상상력의 흔적들은 세계 도처에서 발견되는 동굴이나 바위에 이미지의 형태로 남아 있다. 문자가 생기기 전의 이미지들은 유년기의 어린아이가 그린 낙서 이면에 무의식적인 심리가 감춰져 있듯이, 마술과 종교에 대한 수렵인들의 문화의식과 깊은 관련이 있으며 이것은 그들 간의 의사소통 수단이 되었다. 따라서 선사시대의 모든 상징은 종교적이며 인간의 심층 구조를 드러내므로, 상징 그 자체는 언어로 간주될 수 있다. 배우고 익혀서 습득된 언어적 표현은 이미지보다 더 강하게 의식 속에 반영된다. 반면, 이미지는 거울에 비친 자신의 모습을 그려내는 것처럼 형식적인 표현이기 전에 내면에 내재된 '본능적인 표현'이므로, 문자보다 더 '원초적이고 강렬한 언어'라 할 수 있다.

이미지는 그림, 사진, 영화, 영상, 컴퓨터그래픽 등과 같이 '보이는 것'과 '보는 것' 모두를 뜻한다. 또한 '손에 잡히는 실질적인 것'과 상상imagination, 상상계the imaginary, 환영phantom, 환상fantasy, 꿈, 기억, 추억 등과 같이 '손에 확실히 잡히지 않는 것'을 의미하기도 한다. 이미지의 어원은 그리스어로 구체적인 재현물을 뜻하는 '에이콘eikon, icon'과 실제로 존재하지 않는 헛것을 의미하는 '판타스마phantasma, phantasm' 두 단어에서 모두 유래한다. 어원에서도 나타나듯, 이미지는 존재에 속하는 도상적인 부분과 비존재에 속하는 환영적인 부분을 동시에 의미한다. 플라톤은 '이미지란 실재하지도 존재하지도 않는 그림자의 반영과 복사'라 하였다. 즉, 장 피에르 베르낭Jean-Pierre Vernant이 말하듯 '꿈속의 이미지onar, 신이 불러낸 환영phasma, 고인의 귀신psyche' 이렇게 세 가지 뜻을 동시에 담고 있다. 하지만 이미지가 실재와 '닮아 있다'는 특징은 모방이라는 문제와 맞닿아 있어, '과연 이미지가 지식과 진실로서 정립될 수 있는가'와 같은 의문이 제기되었다. 또 이미지가 지닌 상징성으로 인해 눈앞에서 사라져도 의식 속에는 존재하는 '기억 속 흔적'으로서의 이미지는 '신성함과 죽음의 관계'에 관한 물음을 낳았다.

이미지라는 말은 라틴어 이마고imago에서 파생된 것으로, 고대 로마에서 장례식 때 고인의 얼굴에 착용하기 위해 만든 밀랍 틀인 데스 마스크death mask를 의미하기도 한다. 따라서 이마고는 죽은 이의 얼굴과 닮았기에 대상과 유사한 속성을 가진 기호, 즉 도상icon에 속한다. 그리고 죽은 이의 얼굴을 직접 본뜬 것이므로 대상과 직접적인 접촉관계를 맺고 있거나 인과관계를 가진 기호, 즉 지표index이기도 하다. 또, 죽은 이의 얼굴을 똑같이 재현함으로써 죽음을 거부하고 삶을 연장하는 의미를 갖고 있으므로 관습, 사회적 약속을 토대로 대상을 지칭하는 기호, 즉 상징symbol이라 할 수 있다. 그러므로 이미지는 실재하는 도상과 지표, 비실재하는 상상계의 상징 모두와 깊은 관계가 있다.

레지스 드브레Régis Debray는 이미지가 죽음, 예술사, 장례의식의 역사와 밀접하게 연결된다고 하였다. 인류가 남긴 문화예술적 이미지는 삶과 죽음에 대한 여러 생각과 상상으로부터 시작된 것이 주를 이룬다고 해도 과언이 아니다. 그리고 이미지가 사회문화의 커뮤니케이션 수단이나 신성神聖을 표현하는 도구가 될 때 그 대상과 유사하거나 혼용되는 경우가 더 많다. 즉, 이미지는 생존, 신성, 죽음, 지식, 진리와 같은 영역과 연관된 개념이다. 인간은 삶과 죽음의 한계를 벗어날 수 없고, 그러한 한계성은 죽음을 초월한 신성을 탄생시켰으므로, 그 신성은 삶과 죽음, 진리 등과 밀접한 연관이 있다. 이러한 현상은 의식적이든 무의식적이든 인류 사회의 문화와 예술을 형성하고, 나아가 신화의 세계와도 연결된다.

1. 이미지와 문자

(1) 이미지와 문자의 운명

문자 출현 후 이미지는 어떻게 되었는가

이미지에 대한 분석이 본격적으로 학문화되기 시작한 것은 르네상스 시대에 체사레 리파Cesare Ripa가 쓴 《이코놀로지아*Iconologia*》(1592)에서부터라고 볼 수 있다. 하지만 이미지에 대한 학문은 출발부터 순탄하지 않았다. '이미지는 과연 사실과 닮아 있는가' 혹은 '상상과 상징의 의미로 해석되어야 하는가' 등과 같은 문제로 줄곧 논란이 되었기 때문이다. 이러한 역설은 문자 텍스트로 이루어진 글에서도 나타난다. 문자로 표현된 글도 글자 그대로의 의미로 받아들여야 하는지 아니면 글을 쓴 주체의 심적인 의미로 해석해야 하는지 등을 둘러싸고 여러 입장이 팽팽히 맞서왔다.

앞서 1부에서 우리는 사냥, 계절의 변화, 죽음, 초자연적 존재나 인물 등에 관한 구석기시대의 이미지 기록을 통해 당시의 이미지와 기호는 의례적 기능을 수행하였음을 살펴보았다. 개인과 사회의 욕구 및 성향, 관찰에 의해 탄생된 하나의 이미지는 또 다른 이미지들을 파생시키고, 그렇게 인간 의식의 조각들이 만나 모자이크처럼 만들어진 문화에는 이미 수없이 많은 다양한 이미지들이 포함되어 있다. 시간과 공간에 따라 이미지의 표현 방법과 형식은 달라지더라도 의미나 신호가 하나로 연결될 때, 우리는 그것을 '이미지 코드'라 부른다.

이미지는 문자가 없던 선사시대에만 통용된 커뮤니케이션 수단이 아니다. 그것은 문자가 탄생한 역사시대에도 인류의 의사소통에 중요한 역할을 담당하였다. 문자 기록만으로 그것이 탄생된 시대와 사회문화의 시공간적 양상 및 변화를 모두 알아내기란 매우 어렵다. 기록은 사적인 감정이 개입되거나 사회나 국가, 타인의 강요에 의해 퇴색된 경우도 꽤 존재하기 때문이다. 이런 이유로 하나의 현상에 대한 문자와 이미지 기록은 동일하게 표현되기도 하지만 때로는 서로 다르거나 대립적인 양상을 보이므로 보다 더 객관적인 접근을 시도해야 한다. 즉, 이미지와 문자는 상호보완적이지만 때로는 상호대립되는 양상을 보인다. 따라서 인류가 제작하고 남긴 오브제는 사회적 약속, 계약, 규율 등에 관한 여러 의미를 함축하고 있는 상징적 이미지이므로, 우리는 단 한 점의 오브제를 통해서도 사회제도의 변화를 읽어낼 수 있는 것이다.

같은 대상을 표현한 이미지를 두고도 그것이 어떤 공간과 시간, 문화와 자연에 속해 있느냐에 따라 다르게 해석되므로 이미지 코드로 문화원형을 해독하는 방법을 회의적으로 바라보는 입장도 존재한다. 또, 이미지 기록에 의한 연구는 문자와 연관된 기호학과 언어학의 입장과 대치되기도 한다. 하지만 이미지 기록과 문자 기록은 서로 다른 영역이 아니라 동전의 양면처럼 서로 대립하면서 보완하는 관계이다. 문자와 이미지는 그 자체로 존재한다기보다 '표현과 표상, 지시와 상징'으로서 존재하기 때문에, 우리는 모든 문자와 이미지로부터 문화인류학의 시공간별 커뮤니케이션 및 상호작용에 의해 창출되는 상징적 의미[1]를 발견할 수 있다. 인류가 남긴 문화유산의 거대한 맥을 이어 가도록 하는 원동력은 뛰어난 어느 한 민족의 선험적인 경험만이 아니라, 아주 미약한 존재 하나라도 놓치지 않고 끄집어 올려 우리의 가슴속에 담을 수 있을 때 생겨난다. 무수한 점들이 모여 하나의 거대한 대

[1] 호메로스(Homeros)의 흉상: 그리스 시대의 조각이나 이미지에서 수염이 있는 사람은 연장자 혹은 지혜로운 자를 상징한다.

[2] 오리엔트의 쐐기문자

[3] 이집트의 상형문자가 새겨진 비석

륙이 되듯, 한 점 한 점의 존재 모두가 빛나는 인류이기 때문이다.

인류가 문자를 만들기 시작하면서 문자와 이미지는 분리되었고, 인간의 사고와 의식을 표현하는 도구 또한 다양해지기 시작했다. 단순한 사선의 반복으로 상징적 의미를 형상화한 오리엔트Orient의 쐐기문자[2], 하나의 사각형 속에 이미지를 중첩시켜 한 단어로 상징화한 이집트의 상형문자 등 초기의 문자는 이미지 중심적인 기록물 형태에서 크게 벗어나지 못했다. 그래서 이집트 피라미드 안의 벽화에도 우리는 문자가 나란히 쓰여 있는 것을 볼 수 있다.[3] 그러므로 우리는 이집트인들이 섬기던 창조신들과 여러 파라오Pharaoh들의 모습뿐 아니라 그들의 인식체계와 문화, 그 문화 전반에 걸쳐 나타나는 가치관의 변화 양상까지 읽어낼 수 있다.

이처럼 어떤 대상에 대한 인식은 시대의 흐름에 따라 복잡하고 다양하게 변화하였고, 개인과 나라, 그리고 각각의 사회문화와 역사적 체험에 따라 숱한 이미지 코드를 낳게 되었다. 그리하여 이미지 기록으로서의 역할만 담당하며 출발한 이미지가 문자의 역할까지 함께 수행하게 된 것이다.

고대부터 현대까지 수없이 등장하는 이미지 코드는 인류가 공유하는 집단무의식의 산물이라고도 할 수 있다. 그러므로 이미지 코드를 해독할 때는 인류사의 전반적인 흐름에서 본 대륙별 '통시사적 관점'과 사회와 집단 혹은 개인과 같은 특정 집단을 통해 바라보는 '미시사적 관점', 이렇게 두 가지로 접근할 수 있다. 두 관점에 대한 근원적 접근이나 해석 방법은 이미지와 문자를 공동으로 사용하고 인간의 의식구조를 생생하게 기록으로 남기기 시작한 고대 이집트와 그리스 문화의 상호연관관계를 통해 확인해 볼 수 있다.

그리스인들이 이집트와 왕래하며 교류를 하지 않았다면, 과연 그리스가 지금과 같은 문화를 꽃피울 수 있었을까? 그리스신화 역시 온전히 독립적으로 탄생한 것이 아니라 오리엔트와 이집트의 신들까지 하나로 묶어 만들어진 총합체라는 사실이 밝혀지고 있으니 말이다. 물론 고대 그리스가 이집트보다 더 많은 부분을 문자 기록으로 남기긴 했지만, 그렇다고 해서 진실과 허위라는 '양면성의 문제'에서 벗어날 수는 없다. 실제로 우리는 이미지의 상징과 표상을 통해 그리스 문화 속에 감춰진 이집트 문화의 잔상을 만날 수 있다. 또한 그리스신화의 이미지로 인해 문자 기록만으로는 확인할 수 없었던 당대 그리스인들의 일상사 및 의식구조 등에 대한 '미시사微示 史적 조망'도 가능하였다. 만약 인류에게 이미지가 존재하지 않는다면 우리는 인류사의 과거와 현재, 미래를 관통하는 커뮤니케이션 문화에 대한 추적이 불가능하였을지도 모른다.

그렇다면 문자의 출현 후 이미지의 역할은 어떻게 되었을까? 문자의 생성, 도시의 발생, 인구의 증가 등과 더불어 문명이 도래한 이후에도 이미지의 사회문화적 역할은 지속되었으며, 오히려 변화 속에서 더욱 다양하고 세분화된 기능을 담당하게 되었다. 문자가 생긴 후에도, 언어에 대한 접근이 결코 쉽고 빠르게 이루어지진 못했다. 일반적으로 사람들은 그리스인들이 처음부터 능숙한 언어와 문자를 사용하면서 철학적 사고를 발달시킨 것처럼 생각하는 경우가 많다. 그러나 초기 호메로스 시대 대중들의 언어와 문자에 대한 인식 및 사용도는 시간과 공간에 있어 매우 제한적이었다.

고대 그리스인들이 로고스logos를 앞세운 이래, 인류는 객관적인 사고 및 인식, 그리고 기록에 대한 강박에 시달려왔다. 언제나 하나의 이론과 사고에는 찬반론에 의한 진실에 대한 규정이 뒤따랐으며, 결과에 대한 논증 또한 무시할 수 없었다. 초기청동기시대에는 각 도시국가의 족장들이 함께 모여 전쟁에 대해 찬반론을 제기하는 자리에서도 몇몇 왕들에게만 발언권이 주어졌을 뿐, 대부분의 참석자는 자신의 의견을 피력할 수 없었다. 기껏해야 웅성거리는 의성어로써 반대를 표명하거나, 발을 굴려 의사 표현을 하는 게 고작이었다.

우리들에게 너무나 잘 알려진 '그리스신화Greek Mythology'도 사실 소리라는 뜻을 가진 '미토스mythos'에서 파생된 말이다. 다시 말해, 그리스신화는

[4] 초기 그리스 시대의 장례행렬을 표현한 이미지 기록의 사례: 문자 기록에서보다 사람과 말, 마차의 행렬, 그리고 시신을 실은 모습 등이 구체적으로 나타나 있어 장례식이 실제로 어떻게 치러졌는지 더욱 명확히 알 수 있다.

* 아테네 성벽에 위치한 시문(市門)

문서가 아닌, 서정 시인들에 의해 입에서 입으로 전해진 구전문학이다. 그러므로 서정 시인들은 당대에 문화 홍보사라는 사회적 역할을 수행했을 뿐 아니라 사람들의 인식과 취향에 영향력을 두루 행사하였다고 볼 수 있다.

이처럼 말과 문자가 충분히 성숙하지 못했던 그리스 시대에 새로운 의사소통의 수단이 되었던 것은 바로 이미지였다. 그들은 일상의 곳곳에서 사용했던 도자기나 조각품, 장식용 혹은 장례식처럼 특별한 행사에 사용한 도기와 접시 등에 자신들의 문화사를 그려냈다.[4] 말과 문자만으로는 의미가 불분명할 수밖에 없는 삶과 죽음에 관한 주제를 이미지로 표현하였고, 이렇게 남겨진 이미지 기록은 고대사에 대한 미시사적 접근에 한 획을 그을 만큼의 큰 업적을 남겼다. 문서 텍스트만으로는 판단하기 어려운 각 시대별 사회문화적 정황을 이미지에서 찾을 수 있을 때, 비로소 잊혀져 있던 그들의 문화사를 되찾을 수 있는 것이다.

(2) 죽음의 이미지

고대 그리스와 이집트의 장례 문화

기원전 750년경에 제작되고 델포이Delphoe에서 발굴된 디필론Dipylon*의 도기에 표현된 이미지는 동시대의 문자 기록에는 나타나지 않아 좀처럼 알기 어려운 장례 문화를 재현하고 있다. 우리는 이 이미지를 통해 초기 그리스인들의 장례의식은 어떻게 진행되었는지 그들의 삶과 죽음에 대한 인식은 어떠했는지 유추할 수 있다. 또, 사후세계에 대한 준비가 현실세계보다 더욱 중요했던 이집트[5]와는 달리 그리스는 실질적 장례 문화를 더 중시했음이 드러난다.

이집트의 장례 문화에서는 '죽은 이의 영생을 위한' 장례의식 절차가 중요했다면, 그리스 사회에서는 '산 자들이 죽은 자들을 어떻게 떠나보내는가'

[5] 이집트 피라미드의 내부에 새겨진 사후세계 이미지: 《사자의 서》(고대 이집트에서 죽은 사람을 매장할 때 함께 묻은 지하세계의 안내서)에 묘사된 '입 벌리기' 의식에 대한 이미지. 죽은 자를 저승으로 인도할 때 그 심장을 저울로 달아, 살아 있을 때의 진실의 정도를 판정하는 사자(死者)의 신 '아누비스'의 가면을 쓴 사제가 미라를 잡고 있는 동안, 수호신이 여러 의식용 도구를 사용해 죽음 이후의 삶, 즉 영생을 위한 준비의 식을 치르고 있다.

에 더 큰 비중을 두었다. 그러므로 높이 1.5m의 디필론의 크라테르Krater[4]에는 시신 안치 행렬(프로테시스prothesis), 시신을 묘지로 운반하는 행렬(엑포라ekphora), 죽음을 애도하며 슬퍼하는 행렬 등이 잘 드러나 있다. 선사시대의 이미지에는 문자가 갖는 의미 그 이상을 내포하는 상징이 강한 반면, 기원전 8세기 역사시대의 이미지에서는 상대적으로 신들과 영웅들에 대한 신화 및 전설, 설화에 대한 묘사가 강세를 보인다.

　기원전 9~8세기 그리스 시대에 접어들면 선사시대의 이미지에 주로 나타난 생명에 대한 강한 본능을 담은 종교적 상징에서 벗어나 이상주의적인 표현이 드러나기 시작한다. 어떤 대상에 대한 느낌을 이미지로 표현할 때 감정의 외면화와 내면화가 뒤섞인 조화로운 형태를 추구함으로써 이미지의 이상주의를 실천하기 시작한 것이다. 즉, 대칭과 균형, 조화로운 분할, 규칙적으로 잘 배치된 간격 등이 아름다움의 가치척도가 되면서 객관적인 정확한 잣대로 미를 바라보는 '미학'의 개념이 시작된다. 또 철학과 기하학, 수학의 영향으로 복잡하고 다양한 선들이 끊임없이 이어지면서 만들어내

[6] 크라테르에 그려진 사람 이미지(왼쪽)와 암포라에 표현된 남성과 여성의 이미지들(오른쪽). 기원전 690년

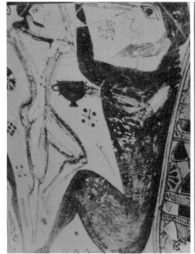

* 고대 그리스 시대에 주로 곡식과 물을 운반하거나 저장하는 용도로 제작되었다. 몸체가 길쭉하고 볼록하며 긴 목과 함께 두 개의 손잡이가 수평으로 달린 형태가 기본형이다.

는 장식이 등장하였다. 이미지의 중심을 잡기 위해 여러 다양한 선들을 이용해 만든 이 장식은 단순한 기하학적인 선들의 배열이 아닌 미적 척도에 의한 추상적 표현이라 볼 수 있다. 그리고 화면 중앙에는 신들과 영웅들의 신화와 설화적 모티브기 자리 잡고 있다.

그림4를 보면 알 수 있듯이 이야기의 주요 모티브인 장례행렬은 화면에서 1:1.618이 되는 지점, 즉 시선이 가장 안정적이고 조화롭게 보이는 황금비율을 토대로 배치되어 있다. 시신을 중심으로 둘러앉아 있거나 서 있는 인물들과 그들의 행렬을 통해 후기신석기시대 그리스인들의 장례의식 절차와 사회적 관습을 짐작할 수 있다. 또 장례행렬의 사이사이에 표현된 선사시대의 문양들로부터 여전히 문자의 역할을 대변하고 있는 이미지의 상징성도 엿볼 수 있다. 죽은 이의 상하좌우에서 곡을 하며 두 팔을 머리에 얹고 열을 지어 서 있는 크고 작은 사람들의 모습은 71쪽 그림48에서 보았던 선사시대 중앙아라비아 반도의 '긴 머리의 영혼'과도 닮아 있다. 그렇다면 디필론의 장례행렬을 담당했던 이들은 과연 여성일까 남성일까?

이에 대한 해답은 기원전 690년경 암포라Amphora*에 표현된 남성과 여

[7] '오르세의 부인상'(기원전 640~630년): 긴 머리와 긴 의복이 특징이며, 좌우대칭형의 몸과 뻣뻣한 자세, 앞을 응시하는 시선 등을 반영하고 있다(왼쪽).

[8] 그리스의 청년상 '쿠로스'(기원전 620년): 허리가 잘록해지도록 벨트를 한 모습이다(오른쪽).

성의 실루엣으로부터 유추해볼 수 있다.[6] 남녀 모두 머리를 길게 늘어뜨렸지만 남성은 수염이 있고 몸 전체가 검은 색인 반면, 여성은 발목까지 덮는 긴 의복을 착용하고 있다.

동시대인 기원전 640~630년경의 '오르세의 부인상Dame d´Auxerre'에서도 긴 머리와 긴 의복을 볼 수 있다.[7] 이는 당시에 유행했던 좌우대칭형의 몸과 **뻣뻣한** 자세, 앞을 응시하는 시선 등을 반영하고 있는데, 이 양식은 크레타의 영향을 받은 것으로 그 시대의 그리스 전역에서 나타난다. 예를 들면 기원전 620년에 만들어진 그리스의 청년상 쿠로스Kouros도 허리가 잘록해지도록 벨트를 매고 있는 모습을 하고 있다.[8] 동시대의 여러 이미지들의 정황으로 미루어볼 때, 죽은 이와 함께 등장하는 모든 사람들은 허리 부분이 길고 찔룩하며 긴 다리를 특징으로 하는, 얼굴에 수염이 있는 남성임이 확인된다.

[9] 집의 안팎에서 장례의식을 치르고 있는 남성과 여성의 이미지. 기원전 6~5세기경

그리스 시대의 문자 기록에 의하면, 사람이 죽었을 때 우선 그 집안의 여성 중 가장 나이가 많은 사람이 머리를 풀어 헤치고 곡을 했다고 한다. 그러면 모든 여성들이 함께 머리를 풀고 곡을 시작함으로써 장례의식이 시작된다. 여성들이 시신의 곁을 지키고 있을 때, 남성들은 대문 앞에서 하객을 맞이하고 대접하였다. 여성들이 장례행렬에서 빠져 있는 것은 남성들이 대문 바깥에서 이루어지는 행렬을 담당하고, 여성들은 대문 안에서 일어나는 장례의식을 주관했기 때문이다.

그렇다면 이미지 기록에서 여성이 아닌 남성들이 곡을 하는 모습은 문자 기록과는 다른 양상이 아닌가? 우린 이 대목에서 초기 그리스 시대에 남성과 여성의 사회적 지위에 대한 구분이 분명 존재했지만, 선사시대의 여성 이미지가 사회 일부에서는 여전히 존재하고 있었음을 확인할 수 있다. 이는 부계사회에 접어들면 선사시대의 흔적들은 완전히 배제되어 여성들의 사회적 지위가 현저히 낮아졌을 것이라고 생각하는 현대인들에게 경종을 울리는 듯하다.

이러한 정황은 인물과 인물 사이사이에 묘사된 선사시대의 문양을 통해서도 확인된다. 남성과 남성 사이에 길게 늘어진 한 다발의 지그재그 모양은 단순한 장식으로서의 의미 그 이상의 상징성을 갖고 있다.[9] 이는 선사시대부터 등장한 것으로, 눈물을 상징함과 동시에 신을 향한 염원 및 신의 역할을 보여주는 성스러운 상징으로 분류된다. 즉, 죽은 이를 위해 신에게 보내는 염원과 안녕의 의미가 함축된 것으로 볼 수 있다. 시신 바로 위의 단에 배치한 의자에 앉아 곡을 하는 남성들 사이에 보이는 별 모양은 태양을 상징한다. 그리스신화에서 태양은 제우스의 눈이자 아폴론을 상징하는 것이었다.

시신의 주변을 감싸고 있는 그물 혹은 격자무늬 역시 구석기시대부터 출현한 것으로, 해석이 분분하지만 주로 사냥감을 포획하기 위한 덫을 표현한 것이자 인간의 복지福祉와 기호 자체가 주술적인 힘을 상징하는 것으로 알

[10] 다게스탄(Dagestan, 러시아 남서부에 위치한 국가)의 암각화: 여기에 등장하는 만(卍) 자에 대한 해석은 분분하다. 이것이 신석기시대의 초기 농경사회와 관련이 있는 것이라면 하늘과 태양을 상징하는 기호로 해석되지만, 만약 청동기시대의 이미지라면 선(善)을 상징하는 것이 된다.

려져 있다. 이 주술적인 힘은 소상小像으로 제작된 구석기시대의 여러 여성상에서 볼 수 있듯이 자연의 신이자 어머니, 짐승들의 여주인인 여신이 주관하였고, 사냥의 성공 여부까지 결정하는 것이었다. 그러므로 그물 혹은 격자무늬는 죽은 이의 안녕과 평온을 기원하기 위한 것일 뿐 아니라 수렵사회의 흔적이 반영된 상징이라 볼 수 있다.

이러한 문양들은 기원전 8~7세기까지 그리스 각 지역의 도기 이미지에 자주 등장한다. 도기의 제일 위쪽에 등장하는 卍(만) 자는 신석기시대의 이란, 유럽, 크레타, 인도에서도 여러 가지 구도의 기호로서 사용되었다. 만卍 자는 글자 모양처럼 하늘을 뜻하는 사방四方의 기호이자 지신地神의 상징으로 쓰였다.[10] 디필론의 이미지에 표현된 만卍 자는 다른 청동기시대의 상징들처럼 초기의 의미가 크게 변하여 선善의 예언, 행복의 염원, 불행의 예방 등을 상징하는 기호로 사용되기도 하였다. 선사시대와 역사시대의 특징이 함께 반영된 디필론의 장례행렬 이미지에서는 이륜마차를 이끄는 병사들이 선두에 있고 네 명의 장정들이 그 뒤를 이어 고인을 운반하고 있다. 이를 통해 고인은 높은 신분의 남자였음을 알 수 있다. 그리고 하늘과 땅, 태양의 신에게 고인의 명복을 빌며 함께 죽음을 애도하는 사람들의 물결 역시 상징적 기호로 표현되어 있다.

동시대의 문자 기록으로는 수집될 수 없었던 장례행렬에 관한 이미지 기록 덕분에 장례 문화에 대한 미시사적인 접근이 가능해질 수 있었다. 또한 과거에서부터 현재까지 존재해온 이미지 속에는 제작된 시기와 그 이전 시기의 과거 이미지 코드의 사회문화적 역할이 공존하고 있음을 확인하였다. 이미지의 개념 안에는 정신과 물질, 주체와 객체의 닮음과 유사, 상사相似 등이 포함되어 있기 때문이다.

문자와 이미지에 대한 보다 명확한 해석과 비평을 위해 기호나 상징을 연구하는 이론들이 즐비하게 등장했고, 더불어 문학비평, 미술사, 신학, 철학 등 여러 인문학 분야에서도 이미지에 대한 해석을 내놓기 시작했다. 그러한 시도는 그 이미지가 속한 사회문화적 환경과 역사적 이해가 학문적 기초이자 토양이라는 인식으로부터 나온 것이다. 더 나아가 이미지가 무엇인지 생각하기 이전에 우선 인간의 본성은 무엇이고, 어떤 환경적 요인으로 인해 그러한 결과물이 나오게 되었는가를 염두에 두는 인지심리학도 등장하게 되었다.

문자와 이미지를 연결하는 신개념,
영상의 탄생

문자와 이미지는 시대를 막론하고 끊임없이 긴밀한 관계를 이어왔다. 그리고 그 관계가 대립적이든 보완적이든, 두 개념을 하나로 이어주는 신개념적 의미인 현대의 '영상'으로까지 이어지고 있다. 영상의 실재를 가능하게 한 카메라 옵스큐라Camera Obscura는 기원전 4세기경 아리스토텔레스Aristoteles가 태양의 일식을 관찰하던 중 암상자暗箱子의 원리에 주목하면서부터 시작되었다. 그 후 16세기 르네상스 시대에 화가 레오나르도 다빈치Leonardo da Vinci가 드로잉drawing*을 할 때 카메라 옵스큐라를 최초로 사용하면서부터 인간의 광학적 시각은 매우 면밀하게 변하기 시작했다. 당시 예술가들에게는 창의적인 미를 추구함과 동시에 보다 더 사실적인 묘사와 원근법이 요구되었고, 그 요구를 충족시켜준 것이 바로 카메라 옵스큐라였다.[11] 그러나 이러한 방법들은 대상의 사실적 묘사에는 효과적이었지만, 대상의 상까지 고정시킬 수는 없었다. 그러던 중 은염류에 빛을 비추면 급격한 반

* 주로 선을 통해 이미지를 그리는 기술로 '소묘'라고도 함

[11] 알브레히트 뒤러(Albrecht Dürer)의 소묘 〈누워 있는 누드를 그리는 제도공〉(16세기): 격자무늬의 창을 통해 누워 있는 여성을 그리고 있는 화가는 바로 눈앞에 있는 눈금자를 통해 카메라 옵스큐라의 모체가 되는 테크닉을 구사하고 있다. 16세기에는 이미 많은 화가들이 카메라 옵스큐라에 의한 테크닉을 시도하였고, 이러한 방법은 그리스 고전 시기의 균형과 조화를 중시했던 캐논(canon, 인체의 이상적인 비례)을 다시 중시하는 풍토를 낳았다.

응이 일어나 상을 고정시킬 수 있다는 사실이 밝혀지면서 19세기에 비로소 우리가 흔히 알고 있는 은염류가 사용된 '카메라'의 기본 구조가 완성된다.

사진기가 나오기 전에는 이미지란 순전히 그림(회화)을 의미했지만, 사진의 등장으로 현재 일어나지 않는 사건에 대한 영상 기록도 이미지에 포함되기 시작했다. 물론, 고대 문화에서도 상상력의 세계에 도전한 여러 흔적을 찾아볼 수 있다. 그러나 현대에 와서는 누구라도 자신의 개인적인 기록까지도 상세히 표현할 수 있게 되었으며, 그 범위와 내용이 무한정 늘어난 것은 사실이다.

가장 단순한 이미지에서부터 시각적 효과를 극대화하는 영상 및 개인의 사적인 문자 기록에 이르기까지, 이것들이 서로 얽혀 만들어내는 복합적cooper이고 난해한 코드를 우리는 어떻게 풀어낼 수 있을까? 사실 한 편의 영화에서 우리는 이 모든 코드를 찾아볼 수 있다. 영화 속에서 한 개인이나 집단을 둘러싼 자연 및 사회적 환경, 살아가면서 몸소 체험하게 되는 역사적 배경을 바탕으로 주인공들의 삶이 조명됨에 따라 관객들은 웃고 울며 감동받지 않는가? 하나의 이야기를 가지고도 각기 다른 표현방식과 수단을 활용하여 기술적 차원을 달리함에 따라 무수히 많은 말과 글, 그림 및 영상을 만들어낼 수 있다. 하나의 영상물 역시 역사적 체험을 같이한 동일 문화권의 구성원들에 의해 공감대가 폭넓게 형성될 것이며, 같은 사회문화권 구성원일지라도 개인별 환경적 여건에 의해 또 다른 공감대가 형성될 수도 있다.

1960년대에 롤랑 바르트Roland Gérard Barthes는 영화란 '흐르는 이미지'로, 한순간의 진실한 정지된 이미지를 줄 수 없기에 감흥이 없다고 했다. 프로이트 역시 영화는 '오래된 것이 주는 낯섦'의 조건을 갖추지 못한다고 평가하였다. 그러나 이제 디지털 시대가 열리면서, 개인도 한 장면의 이미지를 캡처하여 자신만의 기억 속에 내장된 부분을 끄집어내고 조작까지 할 수 있게 되었다. 이로써 페미니스트 영화 평론가인 로라 멀비Laura Mulvey가 지적하듯 현대의 우리는 바르트를 비롯한 이미지 기호학자들이 제안했던 서사를 중지하고, 사진에서 비롯된 실재감을 개별 이미지들에 부여하면서 이미지 자체의 시간성인 '순간'을 즐길 수 있게 되었다.

카메라 옵스큐라가 나오기 전의 이미지는 크게 '정지된 순간' 혹은 '순간의 움직임'을 포착함으로써 만들어졌다. 정지된 순간에 대한 묘사는 영원한 청춘과 불멸의 미를 재현하는 데 중점을 두어 신화적·종교적 색채가 강하게 나타났다면, 순간의 움직임에 대한 표현은 인간의 생로병사에 대한 인식으로부터 출발한 것이다. 즉, 정지와 움직임에 대한 표현은 각각 신과 인간에 대한 인식을 드러낸다고 할 수도 있다. 그러나 카메라의 등장과 함께 이루어진 기술의 빠른 변화는 개별적인 이미지에 정지와 움직임을 '동시에' 실현하는 것을 가능하게 하였다.

기술의 양상 및 사회문화적 가치관의 변화에 힘입어 오늘날 인류의 의사소통 수단은 수만 갈래로 뻗어가게 되었고, 우리는 그 수단을 통해 집단의 인지적 심리가 합치되는 지점을 찾기도 한다. 기독교 문화에서 십자가에 매달린 예수상은 오래 전부터 '십자가는 곧 예수'라는 상징적 개념으로부터 그 의미가 정립되었다. 하지만 기원전 5세기경 그리스신화 속에서도 아폴론의 음악적 재능을 능가한다며 도전했던 마르시아스Marsyas에게 아폴론 신이 내린 형벌 역시 십자가 극형이었다.[12]

우리는 이처럼 이미지를 통해 아주 오래전의 '과거'와 저만치 앞서 있는 '미래'에 대한 극도의 상상력으로 인류의 수수께끼를 풀기 위해 끊임없이 도전해보지만 그 한계는 분명 '지금'과 닿아 있다. 즉, 과거와 미래에 대해 명확히 알 수 없는 우리는 항상 이 순간에 존재할 수밖에 없고, 우리는 그 한계에서 영영 벗어날 수 없는 것이다. 이 지구상에 수많은 문화가 있지만 결국 우리가 과거와 미래가 공존하고 있는 '현재'에 살고 있다는 사실만큼은 누구나 인정할 수밖에 없을 것이다.

[12] 스페인의 초현실주의 화가 살바도르 달리(Salvador Dali)가 그린 〈십자가 성 요한의 그리스도〉(1950년, 위). 십자가에 매달린 마르시아스(아래)

[13] 로마의 바티칸(Vatican) 광장: 유럽 여러 도시의 광장 문화는 고대 도시의 건축에서부터 그 유래를 찾아볼 수 있다. 그중에서도 특히 그리스 아테네의 아고라 광장 문화가 직접적인 영향을 준 것으로 보인다. 과거로부터 현대에 이르기까지 유럽 도시의 광장 문화는 최초의 공공장소이자 소통의 장(場)이라는 역할을 담당하고 있다.

(3) 역사의 산 증인, 이미지 기록과 문자 기록

신화와 종교, 관념과 제도가 함께 숨 쉬는 이미지 기록

인류의 의사소통은 말과 글 그리고 이미지와 행동으로 이루어진다. 사람들 사이에서 커뮤니케이션이 이루어지지 않는다면, 과연 지금의 문화와 예술이 존재하였을까?[13] 의사소통의 맥은 남겨지거나 현재 통용되고 있는 모든 상징과 징표, 표상과 은유, 지시와 의미 등에 의해 먼 과거에서부터 현대까지 이어져올 수 있었다. 커뮤니케이션을 통해 성립된 사회적 규율 및 약속은 끊임없이 맺어지는 관계 ―너와 나, 사고와 의지, 남성과 여성, 어른과 아이, 장정과 노인, 사회적 규율과 개인의 약속, 계층과 계층 사이의 계약 및 조건, 도시와 농촌 간 변화와 갈등 요인, 상권과 소비자, 가정교육과 학교·사회교육, 문학과 예술 등— 가 보여주듯 인류의 이분법적 논리를 바탕으로 존속해왔다.

인간의 감성과 이성은 각각 우뇌와 좌뇌의 역할 분담에 의해 작동하고, 이것은 중추신경의 시냅스synapse가 서로 연결시켜 소통을 가능하게 하듯, 인류의 이중적 사고의 틀은 세계 창조신화 곳곳에서도 상징체계의 논리로 잘 나타난다. 예를 들어 이집트의 뱀과 태양의 신 라Ra의 눈은 만물의 생명을 상징하는 긍정적 이미지와 함께 인류를 멸망시킬 수 있다는 부정적인 이미지도 가지고 있다. 올림포스의 만신전의 신들도 긍정과 부정의 상징적 의미를 동시에 갖고 있는 경우가 많다. 예를 들어 그리스신화의 술의 신 디오니소스 역시 인간의 삶에 역동적인 에너지를 주는 긍정적 이미지와 인간을 파멸로 이끄는 부정적 이미지를 함께 지니고 있다.

문자 기록과 이미지 기록 또한 글과 그림, 시간과 공간, 움직임과 정지, 시와 회화, 미학과 기호학, 문화와 자연 등 눈으로 확인 가능한 세계의 커뮤니케이션에서 '양면적인 역할'을 수행하고 있다. 또한 인간 내면의 구조적 측면에 가장 지대한 영향을 미친 '종교와 신화' 역시 이미지와 문자처럼 하나의 현상에 대해 양면적 해석을 내린 예로 볼 수 있다. 인간이 만든 규율을 문자로 기록하여 교리화한 것이 율법을 중심으로 하는 '종교'의 출발점이라면, 두 눈으로 보고 느낀 자연적 현상을 그대로 형상화하는 '신화'는 이미지 기록을 더 많이 남겼기 때문이다. 만약 보이는 형상물, 즉 이미지 기록만 남긴 채 교리에 대한 문자 기록을 삭제한다면 과연 그것이 절대적인 종교의 부류에 속할 수 있을지에 대해서는 의문이 든다. 반대로 문자 기록만 존재하고 이미지 기록은 생략된 종교라면 인류는 얼마든지 새로운 형상물을 창조해낼 것이다. 바로 이런 점이 오랜 시간 이미지 기록이 문화역사학에서 주목받지 못했던 이유이다.

이처럼 신화와 종교가 서로 '본질적으로 닮아 있음'을 오랫동안 부정한

[14] 시공간별로 달리 묘사된 중세의 이미지 코드

[15] 중세의 사회문화를 상징으로 드러낸 교회에 관한 회화: 이미지로 재현된 상징적 의미를 해석하기 위해서는 '문화적 특성을 바탕으로 한 해석체계'에 따라야 한다.

탓에 그 둘의 관계에 대한 혼란이 야기되었고, 서로의 관계를 부정하는 일이 발생하기도 하였다. 그러나 많은 시행착오 끝에 20세기 구조주의 철학을 낳은 인류학이 이미지에 대한 새로운 관점을 제시하면서 신화와 종교의 대립적인 상황을 포용하게 되었다.

이미지 기록은 단순히 이코놀로지iconology적인 의미만을 포함하지 않는다. 이코놀로지는 현상에 대한 표현으로서의 글과 그림을 논하며 '문학은 시간적 예술, 회화는 공간적 예술'이라는 전제하에 20세기 초 언어학자와 예술사학자, 화가 등에 의해 출발한 학문이다. 이것은 문화적(성적·인종적·역사적) 개념을 토대로 모방·유사·복사·닮음과 같은 이 모든 관계를 미학과 인식론적 개념으로 끌어냈고, 형식과 인습주의가 기원, 계보, 역사 등의 사회적 힘에 의해 형성되었다고 설명한다. 그러므로 '어떤 것을 표현하는 그 무엇'은 자연과 인습, 공간과 시간, 시각적인 것과 청각적인 것, 도상적인 것과 상징적인 것 등 문화적 해석이 필요한 가치 및 그것들에 대한 이해의 정도, 권력의 관여도와 그 내용에 따라 달리 나타날 수 있다.[14], [15]

문학비평에서의 이코놀로지도 존재한다. 문학적 이코놀로지는 모든 문학 텍스트에 시각적·공간적·영상적 모티브가 존재한다고 상정한다. 즉, '문학적 형식의 은유로서의 건축', '문학적 표상을 위한 회화, 영화, 연극', '문학적 의미를 지닌 표상적emblematic 이미지', '정신 상태를 투영한 상징적 배경' 등을 토대로 문학비평을 행하는 것이다.

이미지 기록은 이러한 이코놀로지의 의미까지 수반하는 넓은 의미의 기록을 의미한다. 우선 이미지 기록은 시각예술에 대한 기술記述과 해석을 중심에 둔다. 그러므로 이미지 연구는 '이미지가 말하는 것'을 연구하는 것이며, 나아가 글자 그대로의 이미지(조각, 회화, 예술작품 등)인 심적 이미지, 언어적·문학적 이미지가 지닌 개념들, 또 이미지의 제작자인 인간의 관념 등도 분석해야 한다. 이러한 이미지 기록을 독해하는 목적은 이미지가 당대의 역사적·사회적·문화적·정치적 개념을 예술·언어·정신이론들과 어떻게 매개하고 있는가를 밝히는 데 있다.

[16] 히사를리크의 황폐한 언덕

트로이의 전설, 역사적 현실이 되다

이미지 기록에 의해 문자 기록의 진실성이 밝혀진 예로, 인류의 최초 서사시라 칭하는 문학작품, 호메로스의 《일리아스》를 꼽을 수 있다. '일리아스'란 트로이 혹은 일리움Ilium(라틴어) 도시에 관한 시詩를 뜻한다. 트로이전쟁이 10년 째 되던 날부터 51일간에 걸쳐 일어난 이야기로 총 24장에 약 15,700행으로 구성되어 있다. 그렇다면 트로이전쟁은 실제로 있었던 사건일까? 만약 그렇다면 언제 누가 어디서 누구와 왜 전쟁을 치르게 되었을까? 또 호메로스가 쓴 이야기 중 얼마만큼이 진실일까? 이처럼 트로이전쟁이 사실이라는 가정하에서는 너무나 많은 질문이 꼬리에 꼬리를 문다. 그리스 당대의 기록에서는 찾아볼 수 없었던 내용을 우리는 역사가 헤로도토스Herodotos나 투키디데스Thucydides의 기록을 통해 확인할 수 있다.

그리스인들은 트로이전쟁을 실제로 있었던 역사적 사실로 받아들였고, 두 역사가 역시 트로이는 실제로 존재했던 도시라고 믿었다. 그리스인들의 트로이 신화에 대한 믿음은 아킬레스Achilles와 헥토르Hektor의 전투가 치열했던 일리움을 찾기 위해 계속되었던 순례자들의 행렬에 관한 기록을 통해서도 알 수 있다. 《일리아스》에 의하면 잡초가 우거진 히사를리크Hisarlik의 폐허 위에 그리스의 식민지가 건설되었는데,[16] 기원전 7세기에 그곳으로 이주한 그리스인들은 여기가 바로 트로이전쟁이 일어났던 전설의 장소라고 믿으며 '일리온Ilion(그리스어)'이라 불렀다. 그러나 로마 시대 이후 그리스도교가 유럽을 장악하고, 그리스도교의 교부敎父였던 바실리우스Basilius와 히포Hippo*의 아우구스티누스Augustinus가 트로이전쟁 같은 것은 애초에 없었다고 주장하면서부터 인류의 역사에서 트로이는 점차 잊혀진 도시가 되어버렸다.

* 북아프리카의 카르타고 시에 있던 페니키아인의 도시

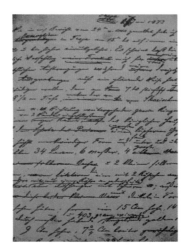

[17] 1872년 6월 26일 슐리만의 '트로이 발굴 일지'

[18] 파트로클레스의 장례식을 묘사한 이미지 기록. 기원전 5~4세기

잊혀진 트로이 신화가 다시 인류에게 새롭게 다가온 것은 19세기 독일의 고고학자, 하인리히 슐리만Heinrich Schliemann에 의해서였다. 평범했던 이 소년은 《일리아스·오디세이》를 읽으며 어른이 되면 자신이 꼭 트로이를 발견하리라는 원대한 꿈을 갖게 되었다. 그리고 실제로 책 한 권에 의지한 채 트로이의 흔적을 찾아 나섰고, 끈질긴 추적 끝에 1870년에 마침내 트로이 유적을 발견한다. 호메로스의 서사시의 실체가 또다시 인류의 눈앞에 펼쳐지게 된 것이다.

그저 잘 쓰인 문학작품으로만 알려져 있었던 트로이전쟁과 땅 속 깊이 영원히 묻힐 뻔한 여러 사건들은 슐리만의 발굴로 일제히 땅 위로 올라오게 되었다.[17] 한 소년의 꿈과 노력으로 신화와 전설이 역사적 현실이 되어 등장한 것이다. 그렇다면 지층 및 지표 조사에 의해 싸움터와 성 안팎의 구조 등이 밝혀졌다고 해서 사람들이 트로이전쟁을 바로 믿게 되었을까?

《일리아스》 제23장에는 아킬레스 장군이 자신의 친우이자 동지인 파트로클레스Patroclus의 죽음 앞에서 슬픔과 분노를 품으며 주검을 준비시켜 장례식을 성대히 베푸는 장면이 문자 기록으로 상세하게 남아 있다.

아가멤논 대왕은 (…중략…) 나무를 모아 사방 100피트 높이의 화장단을 쌓게 하고 그 위에다 시체를 놓았다. 그 앞에서는 많은 양과 소를 잡아 가죽을 벗기고 토막을 쳤다. 아킬레스는 거기에서 기름기만 따로 모아 그것으로 시체를 머리에서 발끝까지 덮고, 그 주위에는 가죽을 벗긴 짐승을 쌓아 올렸다. 그리고 관을 놓은 데에다 꿀과 기름 단지를 놓았다. (…중략…) 그런 다음 그는 그 모든 것을 무자비하게 삼켜버릴 불을 장작더미에 붙이고는 울부짖으며 친구의 이름을 불렀다.

파트로클레스의 장례식 장면에 관한 문자 기록은 이미지 기록이 발굴됨으로써 실제로 거행된 장례식을 묘사한 것임이 밝혀졌으며,[18] 그것은 그리스 화가들이 즐겨 다루었던 주제 중 하나였다. 슐리만이 발견한 것은 단지 트로이전쟁이 일어났던 장소만이 아니었다. 그곳에서는 그들의 삶과 죽음에 대한 묘사가 담긴 이미지 기록도 함께 발굴되었던 것이다. 그리하여 이미지 기록을 통해 얻은 실질적인 정보와 자료들로 '문학작품 속에서만 숨 쉬던 이야기들'이 '역사적 사실'이 되면서 기원전 9세기경의 트로이를 복구할 수 있게 되었다.

또한 파노라마식으로 묘사된 각 시대별 장례 이미지를 통해 우리는 그리스 시대 장례 문화의 변화 양상을 한눈에 알 수 있다. 고전 시기에 그리스의 장례는 주로 3일장으로 치러졌으며, 생전에 사회적 신분이 높았던 사람의 시신은 사륜마차나 이륜마차에 실어 도시를 순회한 후 무덤에 매장하고 안치하였다. 그러나 그리스 전全시대의 장례가 매장 풍습으로 행해진 것은 아니다. 매장인지 화장인지의 여부는 사회적·정치적·경제적 여건과 맞물려 있었다. 《일리아스》에서도 나오듯, 초기 그리스 시대에는 신분이 높은 사람일수록 화장을 하였는데, 그 절차나 형식은 우리나라 불교의 다비식을 연상하게 한다.

이처럼 문학작품의 문자 기록으로부터 나타나는 수많은 역사적·사회적·문화인류학적인 주제들은 ―인물의 성격과 취향, 당시 사회의 역사와 문화적 전통 및 인습과 풍습, 신화와 종교의 사회적 역할과 배경, 지배층과 피지배층과의 관계, 남성과 여성의 사회적 역할 및 지위, 사회적 윤리와 도덕관 및 철학적 관념 등― 이미지 기록에 의해 확인되고 정립될 수 있다.[19], [20]

호메로스의 작품을 통해 잘 알려진 '트로이의 목마'도 기원전 8세기경 미코노스Myconos 섬에서 발견된 꽃병에 나타난 이미지 기록으로[21] 호메로스 시대 이전부터 목마의 이야기가 당시 널리 퍼져 있었음을 알게 된 대표적인 사례이다. 이렇듯 이미지 기록은 문자 기록이 보여주기엔 한계가 있는 역사적 사실을 생생한 사진처럼 선명하게 되살려놓는다.[22] 문학작품에 의

[19] 음식을 준비하여 무덤으로 향하는 여인들을 표현한 이미지. 기원전 4세기경

[20] 시신이 매장된 석비가 있는 무덤을 방문한 여성을 표현한 이미지. 기원전 5세기경

[21] 미코노스의 꽃병에 나타난 '목마를 탄 병사들'에 관한 이미지 기록. 기원전 8세기경

[22] 중세 때 재현된 트로이 목마. 18세기

한 텍스트만으로는 장작을 어떤 모양으로 어떻게 쌓아올렸는지, 시신은 옷을 입은 채로 올렸는지 등 행사의 진행과 방법까지 구체적으로 알기엔 어려움이 있기 때문이다.

문자 기록과 이미지 기록, 그 어느 하나만으로 인류의 문화를 해명해내기란 쉽지 않다. 역사가들이나 인류학자들이 연구하고 분석하여 이끌어낸 하나의 가설이 있다면, 반드시 그것을 뒷받침하는 이미지 기록이 존재해야 그 연구 성과를 인정받을 수 있다. 만약 가설에 이미지 기록이 첨가되지 않으면, 이는 마치 자동차 사고 시 목격자가 없는 것과 같다. 진실을 규명하기 위해 우리는 그 목격자가 나올 때까지 끈기 있게 인내심을 가지고 기다려야 한다. 따라서 문자와 이미지, 이 두 텍스트 기록은 문화인류학에 없어서는 안 될 귀중한 물증인 동시에 산 증인인 셈이다. 그동안 인문학이나 사회학에서 그다지 관심의 대상이 되지 못했던 이미지 기록은 20세기에 들어와서야 제자리를 찾아가고 있다.

2. 이미지와 상징 그리고 신화

이미지와 상징, 본래 그대로의 인간을 드러내다

　19세기에는 서유럽을 중심으로 합리주의, 실증주의, 과학주의, 경험주의 등이 팽배해 있었으며, 지식인들은 이를 식민지화 정책을 옹호하고 인종차별을 합리화하는 데 활용하였다. 그러나 20세기에 접어들면서 지동설의 등장과 신경과학의 발달, 진화론의 대두로 '인식의 가치기준'에 대한 재발견이 이루어졌고, 정신분석학 등의 발달로 '원시적 심성'에 대한 재조명이 시작되었다. 현대사회는 원시사고에서 상징이 갖고 있는 중요성을 인식하고, '이국적' 혹은 '원시적'인 것에 대한 이미지와 상징, 상징체계 등에 관심을 갖기 시작하여, 그 위상이 추락해 있던 '상징'을 인식의 도구로서 점차 인정하게 되었다. 그중 특히 신화는 19세기까지 우화로 취급되었으나 점차 상징, 신화, 이미지가 정신적 삶의 본질을 이루는 요소라는 점이 받아들여졌다.

　상상력의 어원은 이마고imago(표상, 모방) 그리고 이미토르imitor(모방하다, 재생하다)와도 깊은 관련이 있다. 이 어원에는 심리적 현실뿐 아니라 정신적 진리까지 반영되어 있다. 또 상상력은 규범적 모델(이미지)을 모방하고 재생시키고 재현실화함과 동시에 무한히 반복시킨다. 즉, 상상력과 이미지의 어원은 같은 데서 출발하며, 상상력에 의한 모델화는 상징성을 낳는다. 따라서 신화에는 인류의 근원적 심성에 관한 이미지와 상징, 상상력이 함께 내재되어 있다.

아리스토텔레스는 상상하는 능력을 통해 지적 활동이 이루어질 수 있으므로 모방을 단순히 베끼는 행위가 아닌 창조적 행위로 여겼으며, 상상하는 것과 동일시하였다. 플라톤과 아리스토텔레스 이후, 인지 능력으로서 상상의 지위와 그 타당성의 문제를 중심으로 이미지에 대한 논의가 진행되었다. 그 지위와 타당성을 인정하는 입장에서는, 이러한 상징체계의 연구가 간접적이긴 해도 인간에 대한 인식에 관심을 가지고 있다는 점에서 단순한 고증학적 작업이 아닌 새로운 인문주의나 인류학을 언급할 수 있는 자리에까지 올라올 수 있음을 주장하였다.

상징적 사고는 인간의 언어와 이성에 선행하며 인간의 존재와 공존한다. 상징은 다른 인식 수단으로는 도저히 포착할 수 없는 현실의 심오한 양상들도 밝혀준다. 이미지, 상징, 신화는 '어떠한 필요성'에 의해 만들어지고, 인간 존재의 가장 은밀한 양상을 숨김없이 드러내는 기능을 한다. 그러므로 이미지, 상징, 신화에 대한 연구는 역사의 여러 조건들과 타협하지 않은 '본래 그대로의 인간'을 이해하는 데 도움을 준다.

인류 문화라는 거대한 바다에서는 시간과 공간의 차별화에 의해 이미지와 상징, 신화의 재발견이 빈번하게 일어나고 있음을 우린 오랜 역사를 통해 이미 알고 있다. 특정한 집단의 고유문화는 같은 자연환경 및 사회환경 속에서 역사적 체험을 함께하는 구성원들이 모여 만들어내는 것이기 때문이다. 자연발생적이든 역사적 배경에 의해 생성된 것이든 상징과 신화는 단지 역사적 상황만을 밝혀주는 것이 아니라 인간의 '한계상황' 즉, 인간이 우주 속에서의 자신의 위치를 의식하게 되면서 발견하게 되는 한계적 상황까지 보여준다.

남미 페루의 나스카Nazca 지상화地上畵[23]는 하늘에서 바라봐야만 어떤 형태인지 식별이 가능하다. 길게는 수 킬로미터, 짧게는 수십 미터에 이르는 여러 기하학적인 선으로 이루어진 동물의 형태와 괴이한 이미지들은 우리

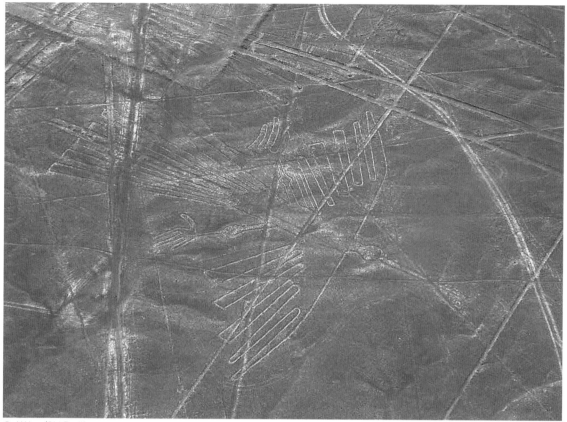

© J.Y.Lee/Old Pavilion

에게 무엇을 이야기하고 있는 걸까? 또 아직까지 제작 이유와 그 방법이 밝혀지지 않은 이스터 섬Easter Island의 높이 2m가 넘는 100여 개의 모아이 Moai 거석상[24]들은 우리들에게 무엇을 말하고 싶은 걸까? 우리는 세상 어느 곳에서도 반복되지 않고 메아리도 없는, 하나의 이미지가 제작된 시공간의 문화를 연구함으로써 기억에서 사라진 인류의 퍼즐 중 한 조각을 짐작할 수 있다. 상징체계는 계속해서 존속하는 반면, 이렇게 그 유포 과정이 소실되는 경우는 왜 발생하는 걸까? 또, 이러한 과정을 겪으면서 전해 내려오는 신화와 상징은 과연 무엇을 의미하는 걸까?

인간은 자연의 힘을 어디까지 극복할 수 있었을까? 인류가 최초로 지은

[24] 이스터 섬의 모아이 거석상

© Kim Hyunjeong , Lee Seunghyun

인공집은 기후로부터 안전하기 위한 목적에서 탄생하였다. 우리에게 잊혀진 페루의 나스카 이미지 역시 그들이 자연환경과 인간의 한계상황을 극복하기 위한 투쟁의 결과물일 가능성이 높다는 의견이 현재 학계에서는 지배적이다. 또는 백도와 황도 및 춘분점 · 추분점 등에 관한 천체관측의 기록이라는 설도 강력하다.

　몸통의 절반은 없고 상반신만 있는 상태로 바다를 향해 서 있는 거석상들의 반경 1~2km 주위에서 날카로운 화석 조각들이 떨어진 채로 발굴되었다. 발굴 당시엔 어디로부터 분리되어 나온 파편인지 밝혀내지 못하다 21세기에 들어와서야 비로소 본래의 자리를 찾을 수 있었다. 그것은 바로 모아이 거석상들의 눈이었던 것이다. 선사시대의 큰 여신의 눈을 비롯하여, 초자연적인 존재의 눈이 갖고 있는 상징적 의미와 인류의 원형적·보편적 인식이 공통적으로 드러나는 대목이다. 즉, 신격화된 존재의 눈은 초자연적인 시선으로서 모든 생명체를 죽일 수 있다는 믿음이 이곳에서도 존재했다고 볼 수 있다. 이처럼 이미지를 통한 상징과 신화 해석에 있어 필수 불가결한 조건은 시간과 장소를 막론하고 반복적인 형태를 수집·정리할 수 있어야 한다는 것이다.

한 점의 이미지가 만들어내는 거대한 문화 퍼즐

이미지는 다각적인 의미를 갖고 있어, 문자가 존재한 시기부터 그 해독이 더 원활해졌음을 부정할 수는 없다. 인류사에서 실질적인 이미지 분석이 활발히 진행되기 시작한 것은 19세기 이후로, 고고학이 거대한 성과를 이루던 때이다. 인간은 끊임없이 창조신화를 되풀이하며 살고 있다고 말한 21세기 신화학자 미카엘 엘리아데의 견해처럼, '현재' 우리들의 모습에는 조상들의 '과거'와 자손들의 '미래'가 공존하는 공통의 이미지 코드가 담겨 있다.

그리스도교의 대표적인 상징, 삼위일체에 대한 인식과 이미지의 예를 들어보자. 하늘과 땅의 만남을 상징하는 이집트의 앙크Ankh[25]에는 신성 기하학적인 삼위일체 이미지가 나타난다. 이집트인들은 모든 물질이 삶과 죽음, 남성과 여성, 낮과 밤, 선과 악, 추위와 더위, 습함과 건조함 등 음과 양의 속성을 가지고 있다고 여겼다. 따라서 우리 인간의 신체 역시 두 눈과 귀, 두 팔과 다리, 좌뇌와 우뇌 등 이원적인 법칙에 의해 만들어졌다고 보았다. 따라서 하나의 개념 안에는 두 개념이 함께 공존하고 있어, '1+2=3'이 성립되는 삼위일체가 이루어질 수 있는 것이다.

그러나 이러한 생각이 이집트 고유의 것이라고 볼 수는 없다. 거의 모든 인류의 창조신화 및 전통에서 삼위일체의 특성이 나타나기 때문이다. 예를

[25] 왼쪽은 이집트의 앙크이며, 오른쪽은 아멘호테프 3세(Amunhotep III)를 표현한 이미지이다.

들면 기독교의 성부와 성자와 성신, 힌두교의 브라흐마Brhāma, 시바Siva, 비슈누Viṣṇu, 이집트 만신전의 오시리스Osiris, 이시스Isis, 호루스Horus[26]에도 신성의 삼위일체를 발견할 수 있다.

또한 '앙크'는 'T' 자와 타원형으로 구성되어 있는데, T 자는 시간, 공간, 의식을 의미하는 삼위일체의 세 점과 남성의 성기를, T 자 위에 얹힌 타원형은 여성의 성기를 상징한다. T 자와 타원형의 결합은 새로운 생명을 의미하며, 모든 상징 중에서 가장 신성한 것으로 간주되었다. 이와 같이 상징화된 이미지에는 각 시대별·공간별 신화 및 전통, 문화와 예술표현양식뿐 아니라 자연환경과 사회환경이 그대로 반영되어 있다. 마치 하나의 바코드 bar code가 수많은 상품과 구별되는 차이를 만들어냄과 동시에 상품의 출처와 근원을 알려주는 암호의 역할을 하듯, 이미지 코드 역시 거대한 바다로부터 뻗어나온 다양한 강줄기의 근원지를 밝혀준다.

[26] 이집트의 주요 신들의 모습. 왼쪽부터 차례로 호루스, 오시리스, 이시스를 지칭하며, 여기서도 신성의 삼위일체 이미지를 발견할 수 있다.

인류 사회는 처음엔 자연환경에 대한 적응과 극복을 통해 변화하였다. 수렵 생활을 하던 모계사회에서는 사냥을 나간 남성들의 생명이 항시 위태로웠기에, 동굴에 남겨진 여성들에 의해 자식이 길러지고 농경이 시작될 수 있었다. 그로부터 오랜 시간이 흐른 후, 인류는 동굴에서부터 벗어나 평지를 찾아 길을 떠나 정착하게 되면서 농경 사회 및 부계사회로의 전환이 이루어졌다. 또, 인구 증가에 의해 경제활동이 활발해지고 잉여 생산에 대한 가치가 점차 높아지면서, 결국 시장경제가 인간 삶에 커다란 카테고리를 형성하게 되었다. 사회문화의 기본 패턴과 큰 흐름을 직시하게 되면 지구상의 그 어떤 문화도 서로 닮지 않은 면이 없다는 사실을 발견할 수 있다. 하나의 사회문화 속에는 인간이 가진 모든 욕망의 산물들이 고스란히 다 묻혀 있기 때문이다.

과거의 인류가 남긴 이미지와 상징, 신화의 작은 흔적에서도 그들의 문화적 인식과 사고를 찾아볼 수 있고, 나아가 밝혀지지 않은 당대의 문화적 원형과 사회적 가치관 및 도덕적 양심도 미루어 짐작할 수 있다. 만약 과거의 이미지와 상징이 남아 있지 않다면, 그들의 주거환경뿐 아니라 의복과 신발 그리고 머리 장식과 액세서리 등 미세한 부분의 복원은 불가능하였을 것이다.

사회문화의 큰 맥을 진단하기 위해서는 전체의 흐름을 주도하는 거시사적 시각과 미시사적 시각을 종합하여 바라봐야 한다. 즉, 남겨진 이미지와 상징, 신화에 의해 복식사에 관한 연구를 진행한다고 하면, 요리, 장신구의

[27] 그리스 고전 시기의 제례 의식 이미지: 죽음의 신 타나토스와 잠의 신 히프노스의 모습을 볼 수 있다.

변화를 통해서도 각 시대별 테크닉의 양식을 구별하고 사회적 가치관의 척도까지 밝힐 수 있는 것이다. 또한 앞서 본 디필론의 이미지를 통해서도 죽음에 관한 의식 및 종교관이 어떻게 진행되고 변화되었는지에 대한 구체적인 정보를 구할 수 있다.

눈으로 보이는 문화 코드로서의 이미지와 상징뿐 아니라, 보이지 않는 코드까지 읽어냄으로써 잊혀진 문화권을 이해하기 위한 더욱 더 구체적이고 새로운 도전을 할 수 있다. 의도된 혹은 의도되지 않은 무의식적인 표현들이 함께 어우러져 만들어낸 이미지와 상징, 신화를 문화원형이라는 거대한 코드로 풀어내기 위해서는 주변 문화권에서 동일한 이미지 정보가 수집되고 정리돼야 한다. 그것이 미세한 선 하나와 같은 작은 표시sign에 불과하더라도 말이다. 시대별·개인별 선호도에 따라 성취된 사회문화적 이념들을 연구함으로써 얻어진 작은 발견은 거대한 문화 퍼즐을 완성하는 데 반드시 필요한 작은 퍼즐 조각을 만들어낸다.

예를 들어, 기원전 5세기의 그리스 도기에 기록된 이미지를 단순한 회화적 표현으로만 치부한다면 비석에 대한 그리스인들의 상징적 개념과 신화에 대한 사고의 인식체계까지 엿볼 수는 없을 것이다. 비석을 죽은 이의 이미지로 대치한 것으로도 알 수 있듯이 비석 그 자체가 고인, 죽은 이에 대한 기억을 상징하기도 한다. 그리스인에게 죽음은 '기억'을 의미하며, 무덤은 죽음의 신 타나토스Thanatos와 잠의 신 히프노스Hypnos에 의해 죽음으로 가기 전 잠시 머무는 곳, 즉 'ici repose(여기 잠시 머무름)'이라 여겨졌다.[27] 그러므로 그리스인들은 자신의 집과 거리가 멀지 않은 곳에 공동묘지를 세워 고인을 자주 찾아갔으며 꽃과 향료, 월계관 등을 비석 앞에 놓고 죽은 이를 추억하였다. 이것은 죽은 자와 산 자와의 세계를 엄격히 구분하는 한국과는 정서적으로 거리가 먼 모습이며, 죽은 자를 산 자들이 사는 곳 가까이 두는 그리스의 장례 문화는 현대 서구 사회에서도 여전히 그 명맥을 이어오고 있다.

도기에 나타난 하나의 작은 비석 이미지에서 파생된 여러 조각의 이미지 코드는 신화에서부터 종교관, 철학, 사회학, 미학, 예술사, 경제학, 심리학에 이르기까지 다양하고 폭넓은 영역 간의 연결 고리를 밝혀준다. 고고학과 더불어 거시사적·미시사적인 다양한 발굴과 이미지 채집에 의해 끊임없이 연구되고 있는 인류의 과거사에는, 현대 사회문화가 갖고 있는 이미지 코드의 원형이 존재한다. 나아가 아직 밝혀지지 않은 무명의 문화원형들과 미래의 문화적 패턴들도 살아 숨 쉬고 있다.

문화와 예술표현양식의 변화를 통해서 우리는 '미의 개념'이 어떻게 변화해왔는지 추적할 수 있을 뿐 아니라 당시의 사회문화, 정치적 배경의 변화 등 더 폭넓게 그 시대를 이해할 수 있다. 따라서 자연환경과 함께 사회환경, 즉 종교와 신화, 철학, 정치, 경제, 문화, 예술이라는 영역에서 그 사회가 어느 요소를 더 부각시키려 했는지에 따라 그 시대의 문화와 예술의 이미지 코드가 결정된다고 해도 과언이 아니다.

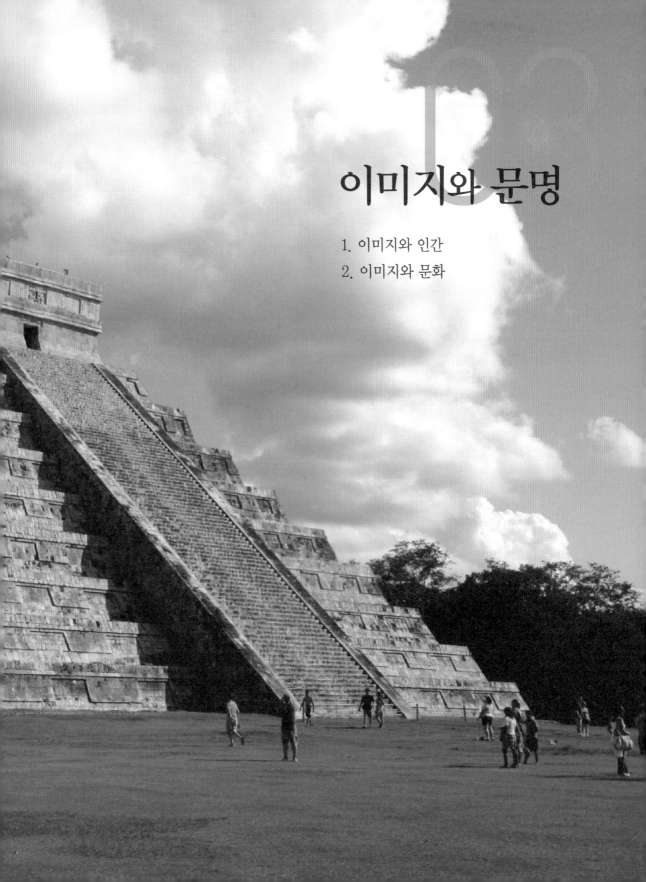

이미지와 문명

들어가는 말

오래된 땅의 산들은 기어이 하얗게 부서져가고,

결국 메마른 곳으로부터

바다가 멀지 않음을

우린 익히 알고 있다.

　최초의 인류가 살기 시작한 땅은 온화한 기후조건으로 먹고 자고 입는 불편에서 자유로울 수 있었던 아프리카 대륙으로 알려져 있다. 지구에 현생인류가 살기 시작한 것은 대략 제3빙하기 이후부터로 추정된다. 시간이 흐르면서 인류는 자연에 대한 경이로움을 삶의 지혜로 수용하고, 자연의 변화에 순응하는 방식을 체득하였으며, 가까이는 유럽, 멀리는 극동과 남동 등지로 서서히 대규모의 이주를 시작하였다.

　21세기 인류학자들은 유전학의 성과에 힘입어 인류의 최초 이동경로에 대한 여러 자료를 수립하고 흥미로운 이론을 내놓았다. 그들은 처음 함께 이동한 구성원들이 여러 경로를 거쳐 타 지역의 사람들과 어울리면서 보다 다양한 요소의 조합이 가능한 공동체 생활을 영위하게 되었을 것이라고 말한다. 또, 해안 지역에 주로 기거하던 인류는 유전적으로 순수 혈통을 많이 유지하고 있는 반면, 내륙으로 들어갈수록 문화적 혼용성은 높아지고 혈통의 순수성이 떨어질 수밖에 없다는 결론에 도달하였으며, 유전학 연구에 의해 그 과학적 근거가 밝혀지고 있다.

물론 인류의 탄생과 진화 및 디아스포라diaspora의 복잡한 여정을 생각한다면, 19세기 유럽에서 백인의 우수성을 검증하기 위해 자신들의 외형적 특징을 토대로 인간을 백인종, 흑인종, 황인종으로 구분한 것은 이론적인 가설일 뿐 실체는 존재하지 않는 허구임이 분명하다. 따라서 21세기에는 '인종' 대신 '민족ethnic'이란 말로 대체하여 사용하고 있다. 이는 피부색과 같이 겉으로 드러나는 외형뿐 아니라 문화적 조건 또한 다채롭고 복잡함에도 불구하고, 내적 다양성이란 측면에서 지구상의 다른 생물 종들과 비교한다면 그 차이가 거의 발견되기 어려울 만큼 인류는 단일한 특징을 유지하고 있다는 의미로 확장된다. 이처럼 인류는 긴 시간 동안 한편으로는 보편성을 유지하고, 다른 한편으로는 구체적 특질과 문화적 고유성을 확보하면서 이율배반적으로 살아오고 있다.

속도와 방향이 시간과 공간이라는 변이 요소와 만나면서 인류의 이동은 복합적인 구조를 이루며 다양한 효과를 낳았다. 이 과정에서 문화적 접변, 이동, 전이, 교류, 혼종 등의 양상이 나타났는데, 이는 여러 집단이 교차되거나 합쳐지고 해체되었다가 다시 선별적으로 만나는 과정에서 자연스럽게 나타나는 현상이다. 문화의 다양한 양상은 각 지역별로 저마다의 고유한 흔적들을 남겼고, 그 남겨진 흔적의 유형을 통해 우린 그들의 사회문화적 특징을 예측할 수 있다. 앞에서 언급하였듯 지질학적 조건이나 기후 등에 의해 조성된 자연환경 그리고 이에 적응하며 살기 위해 맺은 여러 사회적 계약과 함께 탄생한 문화는 각각 고유의 특성을 지니고 있다.

바다 근처에 사는 사람들은 일찍이 배를 만들어 물고기와 조개류를 주식으로 하여 생활한 반면, 산에 살았던 사람들은 나무로 집을 짓고 화덕을 만들어 사냥해온 동물과 나무열매, 뿌리 등을 먹고 살았다. 즉, '어디에 사느냐'는 '무엇을 보고 먹고 사느냐'와 거의 동일한 질문이다. 인류는 먹고 사는

일에 열중하며 생활에 필요한 여러 도구들을 만들어 사용하게 되었고, 의식주라는 일차적인 문제가 어느 정도 해결되자 그들은 삶뿐만 아니라 죽음까지도 생각하기에 이른다. 개인의 삶과 세대 혹은 집단의 삶은 별개가 아니라 긴밀한 상관관계를 갖고 있기 때문이다.

탄생과 죽음 앞에서 그들이 할 수 있었던 것은 자신들의 기억에 대한 의식과 상징을 '표시'하는 것이었다. 그들에게 '기록'은 죽음이 곧 삶이 될 수도 있는, 즉 '삶을 지속하는 방식'이자, 후손이 주체가 되어 '한 개인의 죽음에 공동체적인 의미를 부여하는 방법'이었던 것이다. 앞서 1부에서 무덤의 탄생을 이야기하며 이란 고원의 자그로스 산맥 골짜기의 돌무덤에서 발견된 네안데르탈인의 시신에 관해 언급했었다. 그는 다리 하나가 없는 20세가량의 남성으로, 놀랍게도 시신의 위아래로 꽃잎이 자욱이 뿌려져 있었다고 한다.[1] 일반적으로 무덤 안에는 죽은 이가 살아생전 귀하게 여겼던 것이나 그들이 속한 사회문화적 환경에서 값지다고 생각되었던 것들을 함께 매장하는 것이 상례였다. 그 점을 감안한다면, 자그로스 산맥에 살았던 초기 현생인류도 골짜기에 피어난 들꽃들의 가치를 알고 있었던 것은 아닐까.

개인의 삶과 죽음에 대한 기억을 공동체의 일원으로서 가져야 할 인식으로 되새기기 위해서는 특별한 장소가 필요했다. 따라서 인류는 무덤을 만들기 시작했고, 자신들이 가장 가까이서 구할 수 있었던 자연물 중 귀한 것들을 시신과 함께 매장하였다. 눈에 보이는 사실에 충실하며 살았던 그들 역시 어느 날 갑자기 사랑하던 이의 모습을 볼 수 없게 됐음을 받아들이기까지 긴 세월이 필요했을 것이다. 하늘을 바라보며 보이지 않는 세계에 대한 상상을 시작하면서, 비록 그들은 세상을 떠났지만 자신의 가슴속에서는 여전히 살아 있음을 느꼈을 것이다. 보이지도 실재하지도 않는 삶 너머에 있을 또 다른 세상을 위해 장례의식을 정성스럽게 지내면서 내면의 기도를 위한 종교의식이 탄생한다. 그렇게 죽음에 대한 새로운 인식이 곳곳마다 다른 형태의 무덤을 낳게 되었고, 장례의식은 사는 날들 동안의 특별한 의례적 행사로서 열리게 된다. 한 사람 한 사람이 모여 작은 집단을 이루게 되고 그 집단이 조금 더 큰 규모의 공동체를 형성하면서, 지구상의 문화는 복잡하고 다양한 문화적 코드를 낳았다.

문화의 주체자, 인간에 의해 형성된 이미지 코드는 인간의 본성과 심성을 찾아갈 수 있도록 열려 있다. 글과 그림, 문자와 이미지 등 다양한 표현양식에 의해 인류는 자신들의 가치관과 생각을 기록하고 소통을 위한 커뮤니케이션을 주도하였다. 그리하여 현 시점에서 우리는 과거의 소리를 들음으로써 고대인들과의 커뮤니케이션까지 할 수 있는 것이다. 이는 한 장소에서도 세계 여러 곳에 살고 있는 다양한 사람들의 의견을 한 번에 들을 수 있는 현대인들의 사고와 가치관을 잘 반영한 인터넷상 교류의 원리[2]와도 같다.

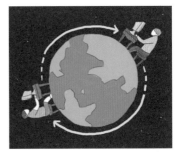

[2] 지구 반대편에 있는 사람의 의견을 실시간으로 들을 수 있는 인터넷처럼, 이미지 코드도 과거 고대인들과의 커뮤니케이션을 가능하게 한다.

1. 이미지와 인간

멕시코에는 갈색 피부의 성모마리아가 있다

우리는 이미지 코드의 여러 형상과 내용이 테크닉과 어떻게 접목이 되었는지에 따라 시공간별로 문화를 구분하는 시도를 해볼 수 있다. 또 세부적으로는 이미지를 제작한 주체자의 사회적 심리와 개인적 심리도 추적이 가능하다.

예를 들면, 성모마리아상像도 대륙별로 피부색, 몸체의 이미지, 표정 및 손짓에 담긴 상징적 의미에 차이가 있다. 역사적 인물이나 종교적으로 수많은 사람들이 공경하는 한 명의 인물에 대해서도, 문화별로 갖고 있는 종교적 관습과 상징의 표현방식에 따라 다른 인물인 것처럼 다양한 이미지로 표현되기 때문이다. 예를 들어 아프리카에서는 까만 얼굴의 성모상을 만날 수 있지만, 멕시코에서는 갈색 피부에 그들만의 독특하고 화려한 색채를 띤 의상을 겸비한 그들만의 성모상을 볼 수 있다.

일찍이 멕시코는 스페인의 식민지로 예속되면서 그들의 신화와 가톨릭이 만나 멕시코만의 독특한 가톨릭 문화가 생성되었다. 마치 원주민들을 구원하기 위해 백인의 성모마리아가 멕시코에 도착한 듯한 느낌마저 준다. 특히 바실리카 과달루페Basilica Guadalupe는 세계의 성지 중 하나로 지금까지도 많은 이들이 방문하는 곳이지만, 그곳의 성모마리아 역시 우리가 흔히 보는 유럽의 성모마리아와 같은 모습이 아니다. 이곳은 1531년 12월 9일 지금의 멕시코시티 근방에 위치한 프란체스코 수도원 성당의 미사에 참석하기 위해 테페야크Tepeyac 산을 넘어가고 있던 후안 데 디에고Juan de Diego 에게 성모가 현현顯現한 곳으로, 성모가 볼품없는 보자기 위에 장미*를 펼쳐 보였던 기적으로 유명하다. 지금도 그 성화 속 성모의 눈동자에는 디에고의 모습이 담겨 있다.[3]

이렇듯 각 문화권에 유입된 의례행사와 맞물려 그들만의 독특한 사순절 행사가 행해지고 있다. 그렇다고 그 누구도 유럽에서 행하는 사순절은 진실한 것이고, 그 외의 대륙에서 열리는 것은 거짓이라고 말하지 못한다. 동일한 인물에 대한 이미지의 상징과 표상 또한 각 문화권마다 달리 표현될 수 있기 때문이다. 따라서 여러 문화권에서 행해지고 있는 종교의례에 대한 비교연구는 사회제도, 정치적 이데올로기, 종교적 성향의 변천사 및 당대의 사회문화를 한꺼번에 살펴볼 수 있는 시각을 제공해주기도 한다.

[3] 멕시코 과달루페 성모마리아의 모습. 눈동자에는 기적을 체험한 디에고의 모습이 담겨 있다.

* 12월의 돌산에서 장미가 가득 피어 있었음은 기적을 의미함

(1) 보편성 속의 특수성, 하늘 아래 새로운 것은 없다

창조신화 속 태초의 이야기들은 왜 서로 닮아 있는가

삶과 죽음, 낮과 밤, 자연과 인간, 기쁨과 슬픔, 젊음과 늙음, 희망과 절망, 환희와 분노 등 상징화된 대상이 갖고 있는 이원적 모습과 이로부터 표출된 인간의 심리적 변화는 사회문화를 형성하는 데 밑바탕이 된다. 음과 양에 대한 인간의 이러한 반응은 아주 오래전의 인류에게서도 발견된다. 수렵사회의 후기구석기 동굴벽화의 이미지에서도 음과 양의 이미지는 생명력과 번식력을 상징한다. 또, 문명권의 변화에 따라 수렵시대에는 여신이 하늘을 관장하였지만, 농경사회로 접어들면서 남신이 하늘을 상징하는 것으로 전환된다.

[4] 낮과 밤이 순환한다고 생각한 이집트인들의 신화 이미지

　인류는 당시에 자신들이 처한 자연환경에 근거하여 밤과 낮에 따른 해와 달의 이동에 대해 나름대로 해석하였고, 우리는 그것이 상징화되어 나타난 신화들을 쉽게 만나볼 수 있다. 세계 창조신화들의 많은 부분에서 '태초'의 이야기는 닮아 있다. 대부분의 신화에서는 인류가 하늘과 땅, 남성과 여성, 낮과 밤, 삶과 죽음을 하나의 사이클로 인식했음이 드러난다. 또, '어떠한 연고 혹은 사건'으로 인해 '어떤 때'에 하늘과 땅이 분리되면서 남녀의 구별이 생겨나며 해와 달이 떨어져 제각기 운행되었다고 이야기한다.

　이집트신화에서 태양신 '네테르 라neter Ra'는 낮에는 '만제트'라 불리는 초승달 모양의 배를 타고 하늘을 가로질러 항해하고, 밤에는 '메스케테트'라는 배를 타고 사후세계, 두아트Duat를 통과한다. 또는 라가 '꼬리를 입에 문 채 우주를 에워싸고 있는 거대한 뱀', 우로보로스Ouroboros의 몸속을 여행한다는 신화도 있다.[4] 즉, 낮에 뜬 태양은 사라지는 것이 아니라 지하로 하강하는데 이때 어둠이 내리는 것이고, 다시 해가 상승하여 땅 위로 모습을 드러내면 태양이 떠오르는 것이라고 여겼다. 마치 얼굴과 꼬리를 꼬아 하나의 원형 사이클을 형성하듯이 낮과 밤이 순환한다고 본 것이다.

이집트와 잉카에서 태양신은 신들 중에서도 최고의 신으로, 하늘을 지배하는 날개 달린 태양원반과 콘도르condor(큰 독수리의 일종으로 육식성의 맹수)로 상징된다. 또한 여러 가지 형태로 변화하는 달의 모습 중에서도 초승달은 이집트인들의 위대한 어머니, 이시스 여신을 상징한다. 그러나 그리스신화에서는 해와 달을 이집트신화에서처럼 자연현상으로서 부각시키기보다 인간의 심리적 현상으로 표현하는 데 초점을 두었다. 태초의 '카오스'(혼돈)로부터 우주는 시작되고, 여러 세대가 대물림되면서 신들의 계보가 이어진다. 그리고 제우스가 올림포스 신전에서 최고 권력을 가진 신으로 등용되면서 본격적으로 그리스신화의 막이 오른다. 제우스의 힘과 능력을 이어받은 아들과 딸, 아폴론과 아르테미스가 가진 성향과 역할은 각각 해와 달을 상징한다.[5] 여기서 우리는 그리스신화가 오랜 시간 문학적 테마 및 예술작품으로 인용되고 차용되는 과정에서 내용의 변형과 첨삭이 있었다고 보는 신화학자들의 주장을 이해할 수 있다.

중국 길림성의 집안集安에서 발굴된 고구려 고분벽화, '오회분 사호묘五盔墳 四號墓와 오호묘五號墓'에는 해와 달 그리고 해신과 달신의 이미지가 등장한다.[5] 고구려의 시조 주몽의 아버지, 해모수는 해신으로, 어머니 유화는 반인반룡伴人半龍의 모습을 한 달신으로 표현되어 머리에는 각각 해와 달을 떠받치고 있다. 해에는 삼족오三足烏, 달에는 입에서 불을 내뿜는 두꺼비의 이미지가 들어 있다. 예로부터 까마귀와 두꺼비는 양과 음뿐 아니라 방향, 즉 동쪽과 서쪽을 상징하였다.

이렇듯 많은 문명에서 태양은 남성을 상징하는 반면, 달은 태음월이 월경주기와 상응하므로 여성을 상징한다. 빛과 열의 원천인 '태양'의 창조적 에너지와 활동성은 남성의 속성으로, 여성을 상징하는 '비'와 결합하여 수많은 생명을 낳고 유지시킨다고 여겼다. 여성적 이미지인 달은 하늘에서의 위치와 모습을 끊임없이 달리하는 변덕스러운 특성을 갖고 있지만, 동시에 부활, 불멸, 만물의 주기적인 본성을 상징하기도 한다. 또 자연의 신비

[5] 각 대륙별 문화의 특징이 반영된 해신과 달신의 이미지. 그리스신화의 해의 신 아폴론과 달의 신 아르테미스(위), 고구려의 해신과 달신(아래) 모두 낮과 밤이라는 이중법적 상징을 보여주는 이미지로, 당시 인류에게 해와 달이 어떤 의미였는지 알 수 있다.

와 암흑의 힘을 나타내면서 조류, 기후, 강우, 계절뿐 아니라 운명을 조정하는 존재로도 인식된다.

인간이 비켜갈 수 없는 이분법적인 잣대는 어쩌면 삶과 죽음, 해와 달, 낮과 밤과 같은 자연현상에서 기인한 것은 아닐까? 사실 눈으로 확인되는 현상세계에서뿐만 아니라 우리의 사고 영역과 관련해서도 이성과 감성이라는 이분법적 논리가 많은 논란을 빚어왔다. 이성과 감성은 플라톤과 아리스토텔레스가 등장한 이래로 인간의 육신과 영혼에 대한 질문과 해답을 구하는 과정에서 끊임없이 연구된 주제이다. 소크라테스 이전에는 심리현상이 물, 불, 공기, 흙의 조합에 따라 작용한다고 여겼지만, 플라톤은 '인지는 이성에 의해, 사고는 영혼과 마음의 작용에 의해 만들어진다'는 '이원론'을 내세웠다. 그러나 아리스토텔레스는 '인간은 규칙적인 원리에 의해 사고하고 영혼과 마음은 신체적으로 분리될 수 없다'는 '일원론'을 주장하였다. 이원론과 일원론에 대한 팽팽한 주장은 19세기 이후 구조주의 심리학이 등장될 때까지 계속되었다. 즉, 각자가 갖고 있는 자연적 경험 및 내적 경험(자신의 사고, 감정, 의지)을 바탕으로 어떻게 언어로 개발하고 표현하느냐에 따라 여러 심리적 형태를 낳을 수 있다는 것이다.

고대 그리스의 여성들도 널뛰기를 하였다

19세기 이후 인류는 여러 가지 사회문화적 변화를 겪게 되는데, 변화하는 사회환경에 가장 큰 영향력을 발휘한 사건으로 '산업혁명'을 들 수 있다. 그 후 대량생산에 의한 자급자족이 일어나고, 언제나 먹고사는 일이 급급했던 인류에게 기계화는 생각과 욕망을 표출할 수 있는 시간적 여유를 되찾아주었다. 물론, 그런 여유는 그전 시대에도 전체 인구의 단 몇 %만을 차지하는 소수에게는 항상 가능한 일이었지만, 선택되지 못한 많은 사람들은 언제나 삶의 수레바퀴 밑에서 허덕여야 했다. 과거의 문화권은 대부분 소수의 지배층이 갖고 있던 가치관 및 욕망 등이 반영된 잔해임을 우린 잘

알고 있지 않은가.

그럼에도 불구하고 인간의 이성과 감성에 대한 표출은 어느 시대 어느 문화에서도 속속들이 나타난다. 왜일까? 주문에 의해 작품을 만들어낼지라도 생각하는 인간이라면 자신의 감정과 논리적 특성 등 인지적 감각까지 숨길 수는 없었을 것이기 때문이다. 서양미술사에서 시대적 양식이 어떻게 변화해왔는지 들여다보면 그리스 시대를 지나 초기 기독교의 도상학Iconography과 비잔틴Byzantine, 로마네스크Romanesque 양식을 거쳐 고대 그리스의 사실적 자연주의가 복구된 르네상스Renaissance, 사실적 묘사에 대한 매너리즘의 표현으로 자유분방함과 기괴함 등을 강조했던 바로크Baroque양식으로 흐른다. 그리고 그 이후 19세기에는 작가 자신이 보고 느끼는 빛과 색채를 다양한 방법으로 표현한 인상주의Impressionism의 등장으로 미술사의 새로운 국면이 열린다. 인식의 변화는 언제까지나 지속될 것만 같은 사회문화적 양상을 또 다른 모습으로 바꾸어놓는다. 똑같은 풍경을 바라보더라도 자신이 겪거나 처한 감성과 경험에 따라 그 풍경은 제각기 서로 다른 장면으로 각인되고 인식되기 때문이다.[6]

[6] 19세기 프랑스 화가 폴 세잔(Paul Cézanne)의 풍경화: 생트 빅트와르(Sainte Victoire) 산을 있는 그대로 따라 그리는 모방이 아닌, 화가 자신이 보고 느낀 대로 묘사한 풍경화는 많은 이들에게 새로운 문화적 패러다임을 예고하였다.

[7] 기원전 6~5세기 그리스 시대의 그네뛰기 모습(위)과 조선시대 풍속화가 신윤복의 〈단오도〉(1758년)에 등장하는 그네뛰기 이미지(아래)

따라서 인류가 남긴 문화현상은 시간과 공간은 다르더라도 동일하거나 유사하게 나타나곤 한다. 그리하여 어떤 지역에서 발견된 것과 동일하거나 유사한 문화유산을 지구 반대편에서도 볼 수 있는 것이다. 그렇다면 인류에게 시간과 공간이란 단지 서로를 구분하고 분류하는 가림막에 불과하단 말인가. 꼭 그런 것만은 아니다. 인류에게 항상 따라다니는 영역에 대한 제한과 구분은 궁극적으로는 새로운 사고와 상상을 불러일으키기 때문이다.

문화 교류의 흔적이 없었음에도 불구하고 인류가 남긴 사회문화적 유산들 중에는 때와 장소를 막론하고 동일하게 발견되는 경우도 있는데, 대표적인 예가 바로 '놀이'이다. 우리는 세계 곳곳에서 동일한 이데아를 가진 유사한 놀이를 발견할 수 있다. 우리나라의 전통놀이 중 하나인 그네뛰기[7]와 널뛰기[8], 팽이치기[9]와 연날리기 등은 이미 기원전 6~5세기 그리스의 이미지 기록에도 잘 나타나 있다.

문화적 현상에 대한 동일한 이미지는 비단 제한된 특정 장소에서만 발견되는 것이 아니라 세계 곳곳에서도 찾아볼 수 있다. 시간과 공간의 차별성을 초월하여 동일한 사고를 하였다는 점은 인간이 가진 사고의 보편성을 확인할 수 있는 부분이다. 어떤 민족이든 어느 시대에 어느 곳에서 태어나 어떻게 살고 가더라도 이 지구를 벗어나서는 존재할 수 없으며, 결국 지구에 형성된 자연환경과 그 안에서 적응하기 위해 만들어낸 사회환경의 지배를 받고 살아가기 때문이다.

그렇다면, 과연 이 지구상에는 완전히 독자적이라 할 수 있는 새로운 문화가 출현할 수 있을까? 마틴 버널Martin Bernal은 인류의 어느 문화도 완전히 '새로운 것'이란 없으며, 다만 전송, 개조, 갱신, 가치의 재생과 통합만이 있을 뿐이라고 하였다. 포스트모더니즘Post-Modernism이 지적하는 '상호 텍스트성'이나, 《성경》에서의 '하늘 아래 새로운 것은 없다'라는 표현도 모두 같은 맥락에서 이해될 수 있다.

이와 같이 시공간의 차이에도 불구하고 서로 닮아 있거나 똑같이 나타나

[8] 왼쪽은 기원전 6~5세기 그리스 시대의 널뛰기 모습, 오른쪽은 조선 말기 풍속화가 김준근의 작품 〈널뛰고〉에 등장하는 한국의 널뛰기 풍경: 공간과 시간은 달라도 그리스와 한국의 널뛰기 모습은 많이 닮아 있다. 하나로 길게 묶은 머리 스타일로 미루어보아 결혼하기 전 처녀들이 즐긴 놀이였던 것으로 짐작된다. 또 발목까지 길게 내려온 치마, 길고 넓은 나무판으로 만든 널과 가운데 돌돌 말아놓은 가마의 모습이 마치 동일한 시공간에서 놀고 있는 여인들의 모습을 보는 듯하다.

[9] 기원전 5세기경 그리스 아테네의 어린아이들의 놀이 중 하나였던 팽이치기 이미지(왼쪽)와 당시 사용한 팽이를 복원해놓은 모습(아래)으로, 한국의 팽이와 크게 다르지 않은 것을 알 수 있다.

는 현상을 통해 우리는 문화적 보편성을 확인할 수 있으며, 그 안에는 특수성까지도 내재되어 있어 다양한 형태의 문화를 만날 수 있는 것이다. 자연 환경이라는 '한계상황' 아래 의식주를 쟁취하기 위한 인류의 오랜 투쟁은 동일한 지역 내에서도 서로 다른 '특수한 문화'를 만들어냈다. 우리나라의 음식 문화에서도 이런 현상은 나타난다. 한반도라는 동일한 문화권 내에서도 경기도와 강원도, 충청도, 전라도, 경상도 등 각 지역별로 다양한 특산물과 음식 문화가 엄연히 존재하지 않는가.

　반대로 다른 시간대에 서로 다른 대륙에서 '보편적인 문화'를 갖고 있는 경우도 존재한다. 다양한 자연환경과 더불어 여러 인종과 언어, 문화 등이 공존해온 인류의 역사에서도 바다와 인접한 문화권과 산과 들에 인접한 문화권 등 비슷한 환경을 가진 지역을 들여다보면 서로 꽤 닮아 있음을 확인할 수 있다. 이탈리아의 남쪽 사람들과 우리나라 경상도 사람들의 얼굴 생김새는 확연히 달라도 바다와 가까이 사는 사람들이 갖고 있는 급한 성격과 다혈질적인 성향을 공통적으로 찾아볼 수 있듯이 말이다.

　문화적 보편성과 특수성이 공존하는 대표적인 예가 바로 앞서 말한 기원전 6~5세기의 그리스 여성과 조선시대 여성들의 그네뛰기이다. 의상과 머리 스타일, 그네뛰기의 도구 등은 문화의 특수성에 의해 다른 형식을 갖고 있지만, 그네를 만들어 놀이기구로 삼았다는 한 가지 공통점은 인류의 보편적 인식에서 나온 부산물이기 때문이다.

(2) 신화 속 삶과 죽음의 이미지

신화, 생과 사의 고리를 끊고 영원한 삶을 갈망하다

　　　태초에 우주가 있었다.
　　　그 우주는 아무것도 없는 허무의 무無에서 출발하였다.
　　　태초에 아무것도 없는 혼란스러운 공허, 카오스가 있었다.
　　　그 속에는 무질서와 혼돈, 어둠이 있었다.

　고대 이집트인들과 그리스인들의 우주는 이처럼 시작된다. 그리고 그들의 지형 및 기후조건에 맞는 태초의 존재가 탄생한다. 그들은 태양이 처음 떠오르는 곳을 '신성한 곳'으로 여겼고, 최초의 신성한 존재가 창조된 곳에 신전 혹은 피라미드를 지었다. 즉, '신화'가 창조된 것이다.[10]

신화는 우리의 삶과 죽음, 육신과 환경을 소재로 한다. 인간이 처음 세상에 나와 경험하는 것은 어머니의 몸이므로 자식과 어머니, 어머니와 자식 간의 관계는 '신비적 관계participation mystique'이며 인간의 궁극적인 낙원이라 불렸다. 그러므로 심리학자들은 어린아이와 어머니의 관계란 인간 자신과 우주와의 관계와도 같은 것이기에, 그 사이가 원만하면 우주와의 완전한 조화와 일치감을 얻게 된다고 말한다. 선사시대 동굴의 '성스러운 장소' 역시 어머니의 자궁과 같은 은밀하고 안전한 곳으로, 우리는 앞서 그곳에 남겨진 삶과 죽음에 대한 이미지를 만날 수 있지 않았던가.

우주와 조화를 이루면서 그곳에 오래 머물게 하는 것,
이것이 신화의 주요한 기능이다.

신화를 보면 최초의 인류는 어머니와도 같은 '신들의 세계'에서 신들과 함께 기거하였다. 새벽의 여신 에오스Eos가 자신의 아들이자 트로이전쟁의 영웅인 멤논Memnon의 시신을 안고 장밋빛 눈물을 떨어뜨리며 슬픔에 잠긴 모습에 감동받은 신들은, 멤논을 불멸의 신으로 만들어 하늘로 올라가게 한다. 에오스는 성모마리아의 원형적 이미지이며, 미켈란젤로Michelangelo의 〈피에타pietà〉에서 마리아가 죽은 예수를 품에 안고 슬픔에 잠겨 있는 모습은 죽음을 통해 '부활'하여 불멸의 생명이 된다는 의미sign를 던지고 있다.[11] 하나의 새로운 생명은 어머니의 품으로부터 독립하면서 하나의 인격체로 탄생한다. 그러나 우주로부터 분리된 생명체가 그 운명을 다하지 못한 채 비련의 죽음을 맞이하여 다시 어머니의 품속으로 안기는 것은 우주와의 조화로운 재再소통, 즉 '부활'을 상징하기도 한다.

창조신화에서 인간은 죽음이 없는 영원한 삶을 영위하고 있었지만, 자

[10] 이집트의 오벨리스크(Obelisk): 오벨리스크는 그리스어로는 '쇠꼬챙이'라는 뜻이고, 이집트어로는 원래 '보호' 혹은 '방어'를 뜻하는 '테켄(tekhen)'이라 한다. 오벨리스크는 하나의 돌로 만든 사각 기둥으로, 맨 꼭대기는 피라미드 모양을 하고 있다. 이는 고대 이집트의 신화에 등장하는 '바다에서 솟아오른 벤벤(Ben-Ben) 언덕'을 형상화한 것이다. 또, 꼭대기의 피라미드 형상은 '창조의 원시언덕'을 널리 알리는 역할을 하였다. 오벨리스크에 새겨진 비문은 태양의 신, 라를 찬양하는 내용으로 이루어져 있다.

신의 욕망 때문에 어느 순간 땅으로 하강하고 삶과 죽음의 사이클에서 벗어나지 못하는 운명을 지고 살게 된다. 그로 인해 인간은 끊임없이 하늘을 그리워하고, 고향인 하늘로 오르기 위해 많은 공덕과 업적을 쌓고 경쟁하며 살아가게 되었다.

인간은 땅으로부터 육신을,
하늘로부터 영혼을 받았다.

[11] 위는 그리스 고전 시기에 그려진 새벽의 여신 오로라(Aurora)가 죽은 아들을 안고 있는 이미지이고 아래는 미켈란젤로의 작품 〈피에타〉(1499년)로, 제작된 시기와 만들어진 공간이 다름에도 불구하고 매우 비슷한 구도를 하고 있는 것을 알 수 있다.

이집트의 파라오와 그리스의 영웅들은 삶을 마감하는 날 모두 하늘로 올라갈 수 있는 '선택된 자'들이었다. 파라오는 신의 대변자로 사람들은 그가 죽음을 통해 신이 된다고 믿었다. 반면 그리스의 영웅은 반신반인半神半人의 자식으로 태어나 지상에서 살지만 타인들과 엄연히 구분되는 비상함과 영특함, 다양한 능력 등을 겸비하고 태어나는 것이 특징이다. 그러나 그들도 죽음을 통해서만 불멸을 얻어 신의 계보에 들어갈 수 있었다. 그리하여 땅 위에 사는 동안은 신의 자식으로서 겪어야 할 엄격한 제약이 늘 따라다녔다.

우리는 앞서 구석기 시대에도 라스코 동굴과 같은 성스러운 장소에서 입문식의 체험, 샤먼과 사냥꾼의 경험으로부터 영웅이 탄생하는, 영웅신화의 원형을 보았다. 샤먼과 사냥꾼들은 익숙한 일상을 벗어나 어둡고 긴 통로를 지나 험난하고 무시무시한 여러 가지 시험들을 겪어내야 했다. 그리고 처참한 죽음의 고비를 경험하고 난 후에야 그들은 자신의 부족에게 가지고 갈 선물을 받을 수 있었다.

헤라클레스의 12가지 과업: 통과의례를 거친 자만이 영웅이 될 수 있다

문명이 시작된 이래 각 문화권에서 나타난 영웅의 이미지는 서로 비슷한 신화를 만들어냈다. 영웅은 자신이 살고 있는 현재에 '그 무엇'이 빠져 있다고 생각한다. 오랜 시간에 걸쳐 조상들이 지켜온 절대적 가치관 같은 것은 영웅에겐 더 이상 의미가 없다. 그래서 영웅은 집을 떠나 죽을 고비를 넘기며 여러 가지 모험을 견뎌낸다. 다시 말해, 사람들이 이토록 영웅에 대한 이야기를 하는 것은 단지 재미있는 옛날이야기를 들려주기 위함이 아니었다. 영웅신화는 우리가 원래는 온전한 하늘나라의 종족이었으나 어느 날 당면한 문제를 풀지 못해 하늘로부터 추방당한 하늘민족이라는 생각에서 그 근원을 찾을 수 있다.

우리 모두는 세상을 살며 한 번쯤은 영웅이 되어야 한다. 영웅은 먼저 '입문적 모험'을 통해 비밀스러운 지식을 얻어야만 된다. 자연의 비밀을 파헤쳐 생명의 진수를 해독하고 미래를 알아내기 위해서는 '성스러운 기술과 지혜'를 익혀야 하기 때문이다. 인간에게는 주어진 갖가지 고비를 산 넘어 산을 넘듯 힘들게 겪어내야만 다시 승천할 수 있다는 의식이 뿌리 깊게 박혀 있다.

또한 인간은 태어날 때 좁고 어두운 터널과 같은 좁은 산도産道를 통해 밀려 나온다. 태어난 아기는 편안하고 평온했던 자궁에서 나와 낯선 세상과 만나면서 큰 충격을 받게 된다. 어머니와 아기의 목숨을 건 산고産苦 즉, 마지막 통과의례를 거쳐 새로운 생명은 비로소 세상의 빛을 보게 된다. 어둠 속으로 하강하지 않으면 높이 상승할 수도 없듯이, 모든 것을 포기할 준비

1. 네메아(Nemea) 계곡의 사자 가죽을 벗겨 퇴치할 것
2. 아홉 개의 머리를 가졌으며 독을 뿜는 레르네(Lerna) 늪의 물뱀 히드라(Hydra)를 퇴치할 것
3. 케리네이아(Ceryneia) 산의 황금뿔이 달린 암사슴을 생포할 것
4. 에리만토스(Erymanthus) 산의 멧돼지를 생포할 것
5. 수천 마리의 소가 살고 있고 수년 동안 한 번도 청소된 적이 없는 아우게이아스(Augeas) 왕의 마구간을 하루만에 청소할 것
6. 스팀팔로스(Stymphalus) 호수의 사람들을 괴롭히는 새를 퇴치할 것
7. 포세이돈이 미노스(Minos) 왕에게 선물로 준 크레타의 미친 황소를 생포할 것
8. 디오메데스(Diomedes) 왕의 사람을 잡아먹는 암말을 포획할 것
9. 아마존의 여왕 히폴리테(Hippolyte)가 아레스에게서 받은 허리띠를 훔쳐올 것
10. 머리가 세 개, 팔다리가 각각 여섯 개인 게리온(Geryon)에게서 소를 훔쳐올 것
11. 헤스페리데스(Hesperides)의 황금 사과를 따올 것
12. 머리가 셋에 용의 꼬리, 잔등에는 여러 마리의 뱀이 넘실대는 지하세계의 파수꾼 케르베로스(Kerberos)를 생포할 것

가 되어 있지 않으면 새로운 생명은 탄생할 수 없다.

그러므로 라스코 동굴벽화에서 본 새의 가면을 쓴 샤먼의 엑스터시 상태는 '죽음과 밤의 혼돈, 모태로의 복귀'와 많은 공통점을 갖고 있다. 샤먼은 일상의 공간과 격리된 좁은 동굴 속 어둠을 거쳐 그 부족의 종교적 전승에 관한 가르침을 받는다. '성스러운 기술과 지혜'란 오직 영적 재생의 과정을 거치거나 그것을 따름으로써 접할 수 있기 때문이다. 그리고 이 영적 재생은 입문적 죽음과 새로운 탄생을 통해 가능하다. 샤먼과 사냥꾼은 마지막 통과의례인 죽음과 마주해야만 영웅으로 재탄생되는 것이다.

구석기시대의 영웅의 조건은 그리스의 영웅, 헤라클레스Heracles에게도 그대로 전수되었다. 그러므로 헤라클레스는 원시인처럼 몽둥이를 들고 다니며 동물의 가죽을 입기도 하고, 때로는 동물을 잘 다루는 '샤먼'이 되기도 한다. 제우스의 아들인 헤라클레스가 그리스를 통치하게 되는 것을 막기 위해 헤라는 그를 미치게 만들고, 결국 그는 자신의 아내와 자식들을 죽여버린다. 다시 정신이 돌아온 헤라클레스는 죄책감과 두려움에 어쩔 줄 모르다 고민 끝에 델피Delphi(델포이의 전 이름)를 찾아 속죄의 길을 알아본 결과, 미케네Mycenae의 에우리스테우스Eurystheus 왕의 종이 되어 그가 시키는 대로 다 하면 죄를 씻을 수 있다는 신탁을 받게 된다. 에우리스테우스는 헤라클레스보다 용기나 힘에 있어 훨씬 부족했지만 아주 교활했다. 그는 헤라클레스에게 절대 실현 불가능한 12가지 일을 12년 동안 수행할 것을 명령했다. 이것이 바로 잘 알려진 헤라클레스의 12가지 과업*이다.[12]

여기서 우리가 주목해야 할 것이 있다. 바로 '12'라는 숫자이다. 하고많은 숫자 중 12가 채택된 것은 결코 우연이 아니다. 문자가 생성된 이래 인류는 소리나 노래, 음악, 춤, 이미지뿐 아니라 숫자나 문자에도 상징적 의미를 부여하였다. 고대인들은 숫자를 신이 부과한 질서와 우주의 조화를 알아내는 암호 열쇠와 같다고 생각했다. 그리고 고대 바빌로니아와 그리스, 인도에서는 숫자에 대한 연구가 창조의 원리와 시공간 법칙의 원리를 밝혀줄 것이

[12] 제우스 신전의 벽면 메토프(metope)에 새겨진 헤라클레스의 열두 가지 모험에 관한 부조

라 믿었다. 또, 숫자는 신들이 세계를 통제하는 수단이므로 각 숫자에는 특정한 의미가 딸려 있다고 여겼다. 각 대륙별 고대 문명권의 음악, 시, 건축, 미술에서도 숫자는 각 분야의 토대가 되는 기초적인 요소로 여겨졌다.

예를 들면, 기원전 6~5세기에 피타고라스Pythagoras는 만물의 근원을 자연수自然數, natural number*로 보았다. 음악과 수학을 중시하였던 그는, 일현금一絃琴이라는 현악기로 음정이 수비례數比例를 이루는 현상을 발견하고 음악을 수학의 한 분과로 보았다. 이러한 수에 대한 근원적 사고는 피타고라스학파에 종교적 성격까지 부여하였고, 금욕과 절제, 영혼의 윤회사상을

* '1, 2, 3…' 등과 같이 수의 발생과 함께 등장한 가장 소박한 수로 양(陽)의 정수(整數)에 해당함

[13] 12가지 과업 중 지하세계의 파수꾼 케르베로스를 생포해오는 열두 번째 에피소드를 묘사한 기원전 6세기 암포라의 이미지(위)와 이집트의 제사장이 파라오의 대관식을 준비하는 모습(아래). 반신반인의 모습을 한 신과 인간의 중간적 존재가 그리스 시대에는 '영웅'으로, 이집트 시대에는 '파라오'로 묘사되었다.

낳았다. 천문학에서는 16세기 코페르니쿠스Copernicus의 지동설이 나오기 2,000년 전부터 이미 지구가 공전과 자전을 한다는 것을 확신하였다. 지구는 구형球形이고, 우주의 중심은 태양이며, 태양을 중심으로 지구가 공전하고, 지구의 자전으로 낮과 밤이 생길 뿐 아니라, 기울어진 자전축으로 인해 계절까지 변화한다는 것을 이미 설명하고 있었던 것이다. 오늘날 우주가 코스모스Cosmos로 불리게 된 것도 피타고라스에 의해서이다.

고대의 천문학, 점성술과 역법에서 12는 하늘과 땅이 조합된 시공간의 기본 숫자다. 이 12는 땅을 네모나다고 생각했던 고대인들이 사각형의 꼭짓점 개수 '4'와 하늘과 땅을 이어주는 절대적인 진리와 영생, 불멸을 상징하는 삼위일체의 삼각형의 꼭짓점 개수 '3'을 곱하여 나온 수이다.

$$
\begin{array}{r}
3 \text{ (하늘-삼위일체: 완결과 조화를 상징)} \\
\times \quad 4 \text{ (땅-사각형: 지상의 질서와 보편성 및 지성을 상징)} \\
\hline
12 \text{ (우주의 조직: 완결된 시간 주기를 상징)}
\end{array}
$$

다시 말해, 12는 영적인 차원과 현실적 차원의 결합을 뜻하는 가장 '신성한 숫자'의 상징이며 십이진법에 의한 '상징적 선택'이다. 올림포스 신들이 열두 신을 중심으로 구성된 것도 우연이 아니다. 그리스도의 열두 제자, 생명의 나무에 열리는 열두 가지 열매도 숫자 12의 상징이 드러나는 대표적인 예이다. 헤라클레스도 '열두 가지 죽음을 불사한 통과의례'를 거쳐 지하 세계에 다녀온 뒤 불멸이란 열매를 얻음으로써 올림포스 산에 있는 신들의 영역에까지 올라 영적 재생을 이룰 수 있었다. 즉, 그는 반신반인의 존재로 태어나[13] 죽음과 맞서는 험난한 통과의례를 무사히 마친 후에야 육신의 고통을 초월하고 신들의 세계로 영입될 수 있었던 것이다.

나비가 된 프시케: 마음의 고난을 이겨낸 자만이 영혼으로 승화한다

수렵사회로부터 계승된 헤라클레스는 강인한 남성성의 모델로, 삶의 고난을 극복하고 새롭게 탄생함으로써 죽음에 대한 두려움을 극복하려 했다. 그렇다면, 여성성에 대한 모델도 존재하지 않을까? 우린 사랑의 신 에로스Eros의 아내, '프시케Psyche'를 통해 그 모델을 만날 수 있다. 부모의 유전자에 의해 이미 운명이 결정되어 태어난 영웅과는 달리, 프시케는 유일하게 순수한 인간의 유전인자를 가진 채 신으로 승격한 사람이었다.

프시케는 에로스와의 사랑 이야기[14]로 더욱 유명하지만, 그 속을 잘 들여다보면 오히려 '사랑과 마음이 하나가 되기 위해서는 어떻게 해야 하는가'와 같은 질문을 던지는 철학적이고 윤리적인 이야기에 더 가깝다는 것을 알 수 있다. 그리스신화에서 에로스의 속성은 두 가지이다. 첫째, 에로스는 창조신화의 태초에 존재했던 카오스에서 세상을 널리 비추는 '큰 사랑'의 무정형으로 태어났다. 즉, 에로스의 속성은 세상의 근본적인 힘으로 종족의 존속과 우주의 내적 친화력을 관장하는 본질을 상징한다는 것이 일반적인 견해이다. 둘째, 헤르메스와 아프로디테의 아들로, 우리들에게 널리 알려져 있는 날개 달린 모습을 하고, 인간의 마음에 화살을 쏘아 마음의 상처를 입히는 속성으로 묘사된다.

땅에 사는 아름다운 여인 프시케로 인해 미의 여신, 아프로디테의 신전을 찾는 사람들이 점점 줄어들자 아프로디테는 아들 에로스에게 프시케가 이 세상에서 가장 흉학하고 사나운 남자와 사랑에 빠지도록 주문한다. 하지만 프시케를 본 에로스는 사랑에 빠져버리고, 그녀가 아무도 사랑할 수 없게 되자 이를 걱정한 부모는 아폴론 신전을 찾아갔으나 끔찍한 신탁을 받게 된다. 바로 프시케의 신랑은 신들도 맞설 수 없을 만큼 힘이 세고 날개가 달린 무서운 뱀이니, 그녀에게 수의를 입혀 바위산 꼭대기에 놓아두고 와야 한다는 것이다.

결국 프시케는 어둠에 쌓인 산꼭대기에 홀로 남겨졌으나, 서풍의 신 제

[14] 왼쪽은 프랑수아 파스칼 시몽 제라르 남작의 〈에로스와 프시케〉(1797년), 오른쪽은 안토니오 카노바의 〈에로스의 키스로 되살아난 프시케〉(1793년)로 '사랑'인 에로스와 '영혼'인 프시케의 결합은 '기쁨과 희열'인 볼푸타스를 낳았다.

피로스Zephyros가 그녀를 안아 새로운 보금자리에 내려놓는다. 무서움과 공포로부터 벗어나 아늑하고 포근한 안식처로 오게 된 그녀는 부족할 것 없이 모두 갖추어진 큰 저택에서 밤에만 찾아오는 신랑과 행복한 시간을 보냈다. 하지만 행복한 시간을 보내면 보낼수록 그녀를 걱정하며 힘들게 살고 있을 가족들에 대한 염려를 떨쳐버릴 수 없었고, 결국 불행의 예고가 울린다. 프시케를 찾아온 두 언니가 밤에만 찾아오는 신랑은 틀림없이 신탁에서 예고한 무서운 뱀이니 신랑이 잠이 든 뒤에 등불을 켜고 칼로 찔러 죽인 후 도망쳐 나오라고 일러준 것이다. 그리하여 프시케는 신랑이 잠든 뒤에 등불을 밝혀 그의 모습을 보게 되었는데, 그 순간 모든 행복은 산산이 깨지고 만다. 신랑은 흉물스러운 뱀이 아닌 아름다운 미소년의 모습을 하고 있었던 것이다. 넋이 나가 있던 프시케는 등잔불의 기름 한 방울을 그의 어깨 위에 떨어뜨리고, 그 바람에 깨어난 에로스는 '믿음이 없는 곳에 사랑은 있을 수 없다'고 말하며 사라져버린다.

여기서 이야기는 또 다른 국면을 맞이하고, 프시케의 고통과 좌절의 시간이 시작된다. 잃어버린 남편을 다시 만나기 위해 아프로디테의 신전을 찾은 그녀에게, 여신은 극복이 불가능한 시련 네 가지를 부과한다. 첫째, 보리, 조, 양귀비 씨앗을 산더미처럼 쌓아놓고 밤이 되기 전에 종류별로 각기 골라내기, 둘째, 황금털이 난 양의 털을 베어 오기, 셋째, 죽음의 강이라 불린 '스틱스Styx 강'으로 흘러들어가는 폭포의 물을 병에 가득 채워 오기, 넷째, 지하세계의 왕비, 페르세포네Persephone를 만나 미를 조금 얻어 상자에 담아 오기였다. 그러나 그녀는 마지막 시험에서 절대 열지 말아야 할 미의 상자를 열어 그 자리에서 바로 깊은 잠에 빠져버린다. 이때 에로스가 나타나 프시케의 눈에서 잠을 닦아내고, 잠을 상자에 다시 넣음으로써 마지막 시련을 통과하게 된다.

헤라클레스의 통과의례와 달리, 프시케는 자신의 어질고 아름다운 마음 덕분에 도움을 받아 직면한 문제를 무사히 해결하였다. 그리고 이러한 그녀

의 일편단심은 올림포스 신들까지 감동시켜, 그녀는 어깨에 나비의 날개를 달고 승천하게 된다. 프시케는 그리스어로 '나비' 혹은 '정신, 마음, 영혼'이라는 뜻을 갖고 있다. 프시케, 즉 '마음'은 결국 시련을 극복하고 자신의 사랑 에로스를 되찾게 된다. 그러나 이처럼 우리에게 알려져 있는 그리스신화는 월트디즈니Walt Disney가 제작한 〈미녀와 야수Beauty and the Beast〉(1991년)처럼 너무 많은 첨삭 과정을 거치는 바람에 원래 존재했던 '신화의 원형'을 벗어나 있다.[15]

영혼을 의인화한 프시케는 성욕을 주관하는 에로스와 결합하는데, 사실 이는 곧 세속적인 타락, 즉 영혼이 가진 상승 에너지의 상실을 의미한다. 영혼의 타락은 곧 통찰력의 상실을 의미하므로 이는 도착倒錯된 형식의 애정을 상징한다. 에로스는 프시케를 관능적인 욕망을 상징하는 궁전에 가두고

[15] 〈미녀와 야수〉는 프시케와 에로스의 사랑 이야기에서 온 것으로, '현대판 에로스와 프시케'라고 할 수 있다. 마법에 걸려 야수로 변한 왕자가 지금 그대로의 모습을 받아주는 참된 사랑을 만나면 그 마법을 풀 수 있다는 설정은 에로스가 인간의 모습으로는 프시케 앞에 나타나지 못하는 내용과 상통한다. 그리고 진정한 사랑을 찾기까지의 미녀의 고난 등은 시기심과 질투가 많은 언니들의 유혹에 빠졌다가 놓친 에로스를 다시 만나기 위해 필사적으로 노력하는 프시케를 모방하고 있다. 그러나 원형의 스토리의 은유적 표현들은 각색되어, 프시케의 상승적 이미지는 사라져버리고 사랑 이야기만 남았다.

도망갈 수 없게 감금시킨다. 어두운 밤에만 방문하는 신랑은 진실을 알지 못하게 하는 어리석음과 부끄러움, 금기 등을 상징한다.

등불을 밝혀 잠든 에로스의 모습을 확인하는 것은 상상 속에 갇힌 마력으로부터 벗어나 내면에 잠재되어 있던 통찰력을 인지하게 되었음을 의미한다. 이로서 프시케는 감금된 감옥에서 깨어나 자신의 영혼을 해방시킨다. 그 후 신화에서는 프시케가 아프로디테, 그리고 영혼과 가정의 순화를 담당하는 헤라를 찾아간다. 타락의 오염을 씻어내기 위해서 극복해야 할 4가지의 통과의례를 거치면서 프시케의 통찰력은 회복된다. 숫자 4는 지상의 완벽한 조화로움을 상징하는 것으로, 육신 안에 갇힌 영혼이 땅에서 겪어야 할 입문식을 의미한다. 즉, 영혼으로의 입문식을 상징하는 프시케는 영혼의 통과의례 과정을 거쳐 자유롭게 하늘로 비상하는 상승의 이미지로 전환된다. 플라톤의 '영혼불멸설' 역시 신화의 원형에서 그 의미를 찾아볼 수 있다.

따라서 우리는 육신의 입문식을 거쳐 새롭게 탄생한 '영웅의 신화'와 마음과 영혼의 고난을 거쳐 이룬 '영혼의 승화'에 관한 이야기를 통해 고대인들에게 내재된 육신과 마음에 대한 '사고의 원형'을 만날 수 있다. 그리고 그러한 원형은 현대를 살고 있는 우리들에게도 벗어날 수 없는 의식으로 계승되어왔다.

신화에서 상징화된 '가입의례'는 정신적 성숙을 위한 새로운 존재양식으로 거듭나기 위한 '성적 성숙 및 성스러운 것과 문화에의 참여, 영의 세계로의 입문'을 의미한다. 정신분석학에서는 고대 신화에서 나타나는 가입의례를 초기 유아기 때 어떤 결정적인 사건을 재구성하는 '소원所願의 시기'와 비교분석한다. 즉, 고대 신화의 '영웅들의 시련'과 정신분석학에서의 '소원'을 통해 유아기 이전의 시기, 낙원의 시기로 돌아가고픈 인간 감정에 대한 비교분석이 가능해진다. 이를 두고 엘리아데는 '가입의례란 우주의 창조를 반복하는 것이 아니라 창조 이전의 혼돈 상태를 발견하는 것이기 때문'이라고 주장한다. 삶과 죽음에 대한 비밀이 벗겨지지 않는 이상, 이러한 심리적 원형은 인간들에게 영원한 목마름과 그리움으로 남을 것이다. 그러나 하늘과 땅이 엄격히 구분되고 둘 사이의 거리가 멀어지는 만큼, '삶의 이야기'에 대한 사회적 인식도 분화되기 시작하였다. 따라서 각 문화권 신화의 특징에는 그 시대별 인성에 대한 견해 및 가치기준이 잘 반영되어 있다.

죽음 너머의 세계를 꿈꾼 이집트, 완벽한 아름다움을 갈망한 그리스

[16] 이집트 기자의 대피라미드 전경(위)과 그리스 헤게소(Hegeso)의 묘비석(아래): 삶과 죽음에 대한 사고의 차이로 이집트와 그리스는 각각 완전히 다른 장례 문화의 이미지를 낳았다. 이집트의 거대한 피라미드는 파라오 한 사람의 무덤인 반면, 그리스에서는 한 여인의 죽음을 기리는 비석이 세워졌다. 즉, 그리스에서는 이집트처럼 파라오라는 특정 왕만을 위한 무덤이 만들어진 것이 아니라 일개 개인의 죽음을 기리는 비석들이 등장한다.

이집트의 만신전에서는 힘과 권력을 가진 세 도시가 각기 다른 창조신들을 내세워 자신들의 영역을 보호하였으며, 그리스 역시 각 도시국가마다 저마다의 수호신을 모심으로써 자신들의 폴리스Polis를 보호하였다. 신화 속 신들은 저마다 자신만의 독특한 능력과 특징을 갖고 있다. 이집트인들의 가슴에는 늘 '삶과 죽음, 그리고 죽음 다음에는 무엇이 있을까'에 대한 의문이 늘 따라다녔던 반면, 그리스인들의 육신과 영혼이 추구한 것은 '아름다움 kalos'이었다. 죽음 뒤에도 부활하여 영생을 누리려 했던 이집트인들의 욕망은 거대한 피라미드와 미라를 낳았다. 감성과 이성의 논리를 내세우며 현생의 삶을 중시 여겼던 그리스인들은 거대한 무덤 대신 작은 비석으로 죽은 이에 대한 기억을 간직했다. 이러한 '죽음에 대한 의미'와 '장례 문화'의 차이는 이미지 기록에서도 확연히 구분된다.[16]

존재의 형태를 구분하는 논리는 몇몇의 '지혜로운 자'에 의해 구전되거나 이미지 기록의 형태로 대륙별로 전해져 내려오다, 각 문화권이 형성되면서 창조신화로 나타나기 시작한다. 그러므로 이집트의 창조신들 뒤에는 오리엔트의 신들이 숨겨져 있고, 그리스 올림포스 신들의 배후에는 이집트의 만신전이 우뚝 서 있는 것이다. 즉, 이집트의 죽음과 부활의 신 '오시리스'는 그리스인들의 '디오니소스'와[17], 오시리스의 아내이자 사랑의 신

[17] 그리스의 풍요와 포도주의 신 디오니소스의 이미지(왼쪽 그림에서 오른편에 서 있는 남자)와 이집트의 죽음과 부활의 신 오시리스(오른쪽)

인 '하토르'는 '아프로디테'와, 오시리스와 이시스의 아들인 '호루스'는 '아폴론'과 동일시할 수 있다.

이집트인들은 아무 형태도 없는 무無에서 하늘과 땅, 별, 물, 인간, 동물, 식물 등의 존재가 태어난 것이라 여겼다. 다시 말해, 가장 근원적인 신성神性은 '네테루neteroo' 즉 '예측 불가능한 요소'와 '예측 가능한 원형적 원리들'로 형성되었다는 것이다. 오늘날 이것을 '남신'과 '여신'으로 잘못 번역하는 경우도 종종 있지만, 원래의 의미는 현대의 물리학에서 이야기하는 중력과 전자기장 등의 특징과 원리에 가깝다. 이집트인들은 일찍이 모든 물질을 통제하면서 모든 것을 하나로 통합할 수 있는 힘을 인식했고, 신화와 우화를 통해 모든 생명의 보편적인 원리를 가르치려 했던 것이다.

인간의 근본에 대한 의문은 무궁무진한 연구로 이어졌지만 지금껏 그 어떤 누구도 인간 존재에 대한 명확한 해명을 하지 못했다. 그럼에도 인류는 이 문제의 답을 찾기 위해 끊임없이 도전해왔다. 그렇다면 그리스인들은 인

[18] 판도라의 탄생을 표현한 적색 볼류트 크라테르(Volute Krater, 기원전 5세기): 제우스가 헤르메스와 헤파이스토스에게 결혼 적령기의 여성을 만든 후 몸 안에 여성적 성향을 불어넣도록 한 모습을 표현한 이미지

간이라는 존재를 낳게 한 원형의 물질에 관해 어떤 해석을 내렸을까?

그리스인들의 이야기는 올림포스의 신들이 물과 진흙으로 빚은 형상에 영혼을 불어 넣은 최초의 여성, 판도라Pandora*의 탄생으로부터 시작한다. 태초에 인간은 아무런 근심과 걱정 없이 하늘에서 살았고, 남성도 여성도 아닌 두 성을 포함한 중성의 존재였다. 신들처럼 삶과 죽음을 초월한 생을 살고 있던 인간들은 하늘로부터 추방을 당하면서 어둡고 축축한 동굴에 기거하게 된다. 힘들게 살고 있는 인간에게 프로메테우스Prometheus가 제우스 몰래 불을 가져다줌으로써 인류에게 또 한 번의 벌이 내린다. 바로 '판도라의 탄생'에 의해 중성의 존재였던 인간이 남성과 여성으로 구분되기 시작한 것이다.

여성의 탄생은 '생生'과 더불어 '사死'도 가져왔다. 제우스는 아프로디테, 아테나가 함께 지켜보는 가운데 불과 대장간의 신, 헤파이스토스로 하여금 흙과 물로 반죽하여 결혼 적령기에 들어선 젊고 아리따운 처녀를 빚게 하였다.[18] 여기에 헤르메스는 인간다운 목소리를 부여하고 그의 영혼에 거

* pan-모든, dora-선물, 즉 '모든 이의 선물'이라는 의미

짓말 잘하는 특기와 도둑질 일삼는 습성까지 깃들게 하였다. 아테나와 아프로디테는 고운 몸치장과 더불어 여성으로서 빛날 수 있는 아름다움을 불어넣어 주었다. 특히 아테나는 그녀에게 최고의 지혜로움으로 빛나는 뽀얀 피부로 육신을 감싸주었고, 헤파이스토스는 새들과 물고기, 호랑이와 사자 등을 새긴 머리띠를 줌으로써 모든 동물보다 더 큰 강인함을 지닌 인간이 되게 하였다. 이렇게 탄생하게 된 판도라는 여신 못지않은 아름다운 외모를 자랑했고, 시인 헤시오도스Hesiodos는 "눈부시다.kalos"라는 말로 그 모습을 표현하였다.

판도라가 지닌 다양한 카리스마적 매력은 모든 남신들과 남성들로 하여금 그녀에게 넋을 잃게 만들었다. 그러나 그 눈부신 아름다움의 이면에는 또 다른 성향, 헤르메스가 심어준 진실을 말하기 거부하는 습성이 숨어 있었다. 판도라를 통해 나타나는 여성의 이미지에는 아프로디테·헤라·아테나 여신의 심성과 더불어 동물적인 욕구에 시달리며 서성이고 방황하는 인간 존재의 상징이 내포되어 있다. 여성의 탄생은 곧 '인류 문명의 탄생'을 가져다준다. 이처럼 그리스신화에서는 수많은 신들의 모습을 토대로 탄생한 인간의 성향과 운명을 엿볼 수 있고, 역으로 인간들의 심성을 그대로 닮은 신들의 이미지도 재발견할 수 있다.

반면 원형적 물질을 나타내는 이집트의 창조신들은 각각 다른 성분의 물질들이 어우러짐으로써 새롭게 형상화되었다. 즉, 인간의 몸에 동물의 머리를 한 복합적인 이미지로 표현된 것이다. 예를 들면, 태양의 신 라Ra는 매의 머리를[19], 습기의 여신 테프누트Tefnut는 암사자의 머리를, 지혜의 신 토트Thoth는 따오기의 머리를, 시신을 미라로 만드는 아누비스Anubis는 자칼의 머리를 갖고 있다. 우리는 앞서 1부에서 후기구석기시대의 삼형제 동굴에서 발굴된, 여러 동물들의 상징적 의미가 조합되어 만들어진 반인간적 형상의 이미지를 보았다. 따라서 동물들에게 인간이 갖지 못한 초월적인 능력이 있다고 믿었던 이집트인들의 사고에는 수렵인들의 의식이 아직 잔존

[19] 매의 얼굴을 하고 있는 이집트 창조 신화의 태양신 라

하고 있었음을 엿볼 수 있다. 이렇듯 삶과 죽음 그 너머에 존재하는 원형의 존재에 대한 의문을 풀어나감에 있어 나타나는 차이는 각 문화권의 문자 기록과 이미지 기록에도 현저한 차이가 있음을 예고한다.

문화의 주체는 단연 인간이다. 문화는 인류가 자연과 공존하며 살기 위해 인공적으로 가꾸어온 모든 것을 총칭하며, 인류가 지구에 살기 시작한 이래로 계속해서 생성되고 축적되었다. 그리고 그러한 현상은 앞으로도 계속 이어질 것이다. 그러므로 아주 오래 전 돌을 어떤 모양으로 어떤 각도에서 깎아 사용했는지도 문화를 분류하는 또 다른 기준이 될 수 있다. 현대의 여러 도구를 이용하여 새롭게 창출된 인터넷 문화 역시 이전과는 또 다른 '21세기 문화의 장'을 열어갈 것이다.

우리는 과연 어디로부터 와서 어디로 가는 것일까.

2. 이미지와 문화

이미지를 탄생시킨 문화, 문화를 탄생시킨 이미지

    인문학의 기초 없이 세워진 예술사는 존재하지 않는다. 모든 예술사는 문자와 이미지로 기록되고, 그 속에는 자신들이 가진 사회문화적 특성이 고스란히 담겨 있기 때문이다. 그러므로 서양의 건축을 통해 서양사를 재구성하는 것도 가능하며, 역으로 서양사를 알지 못하면 서양 건축도 제대로 알기 어렵다. 건축뿐 아니라 이미지를 통해 확인되는 많은 예술품들 —조각, 벽화, 도기화, 회화, 사진, 영상 등— 은 먼 과거의 문화에서 현대 문화로의 궤적을 밟아갈 수 있도록 하는 길잡이가 되어 준다.

    잊혀진 아틀란티스Atlantis[20]* 대륙에 대한 현대인들의 끊임없는 탐구는 플라톤이 남긴 문서 기록으로 시작되었다. 플라톤의 《티마이오스*Timaios*》와

* 그리스어로 'Ατλαντις'라고 표기하며, 거인신 '아틀라스(Atlas)의 딸'이란 뜻을 갖고 있다.

[20] 그리스 신전의 내부 지하에서 발굴된 아틀란티스의 이미지

[21] 알파벳 'A'의 형성 과정*: 문자 역시 상징적 의미의 기호에 의한 반복과 재현의 과정을 거치며 탄생했음을 알 수 있다.

* 알파벳 형성 과정
수메르(Sumer) 문자
→ 아카드(Akkad) 설형문자
→ 원시 가나안(Canaan) 문자
→ 페니키아 문자

《크리티아스Critias》에서 아틀란티스는 '헤라클레스의 기둥' 앞에 위치한 해상국가로, 기원전 9600년경에 서유럽과 아프리카의 여러 지역을 정복했다고 한다. 그러나 아테네 정복에 실패한 뒤 아틀란티스는 '하룻밤 새 재난이 되어' 대양 속으로 가라앉았다고 기록되어 있다. 만약 그 기록이 존재하지 않았다면 현대인들의 뇌리 속에 아틀란티스는 영원히 존재하지 않았을 것이다. 앞에서 언급한 칠레 서쪽의 남태평양에 있는 이스터 섬의 모아이 거석상이나 페루의 나스카 등에서 발견된 이미지들도 존재하지 않았다면, 우리가 모르는 또 다른 문화가 지구상 곳곳에 존재하였다는 사실을 아무도 믿지 못했을 것이다.

이미지와 문자, 이 둘은 인간의 감성과 이성에 의해 생겨난 표현양식으로, 뿌리가 같은 인연목처럼 인류의 문명을 장식한다. 문자 기록을 토대로 실체를 찾아가는 방식으로 진행된 아틀란티스에 대한 탐구는 상상력을 통해 오랜 시간 복구 작업이 이루어졌지만, 아직까지 뚜렷한 이미지를 제시하지는 못하고 있다. 반면 남겨진 이미지 기록을 토대로 잊혀진 문명을 탐구하는 방식으로 진행된 모아이 거석상과 나스카의 수수께끼에 대한 연구는 뚜렷한 진상까지 파악하기는 어렵지만 어렴풋하게나마 전체적인 윤곽을 잡아가고 있는 실정이다.

이와 같은 논리가 언제나 성립되는 것은 아니다. 다만 이미지는 문자보다 오랜 세월 인류에게 더 친숙한 것이었고, 광범위한 영역에서 내용이 함축되어 나타나는 경향이 있어 그 안에서 상징성을 끄집어낼 수 있다. 물론 상징은 이미지 기록뿐 아니라 문자 기록에도 존재한다. 문자 기록이 가진 상징성은 고유한 한 집단이 가진 문자에 의해 해석되고 증명되는 한편, 이미지 기록은 '인류 공통의 문화원형'에 의한 접근으로도 해석이 가능함을 우리는 앞서 익히 보았다.

대량생산과 대규모의 유통이 디지털 TV나 인공위성 신호의 공급으로 더욱 원활해지면서 지구상엔 같은 제품이나 식품, 의복을 함께 공유하는 층이 두터워지고 있다. 19세기 이전에는 상상할 수도 없었던 일이지만 21세기를 살고 있는 현대인들에겐 너무나 당연하게 느껴진다. 그러나 같은 제품을 사용하며 생활한다고 해서 그들의 의식까지 동일하다고 할 수는 없다. 문화가 다르다는 것은 함께 겪은 역사나 사회적 변천이 다름을 의미하기 때문이다. 예를 들어, 사용하는 언어가 다르면 특정 수준과 영역에서 어떤 대상에 대해 사고하는 정도와 방법도 달라진다.

그러므로 동일한 이미지 기록이 시간과 공간을 뛰어넘어 곳곳에서 발견된다고 해서 문화까지 동일하다고 볼 수는 없다. 다만 문화는 다르더라도 인류라는 더 큰 공동체의 관점에서 본다면 대부분의 사람들이 경험하는 삶의 패턴은 기본적으로 비슷하기에, 결국 기록을 통해 인간이 가진 사고의 보편성과 특수성을 모두 찾을 수 있는 것이다.

인류가 문자를 탄생시키기까지는 많은 시간과 노력이 함께했다. 예를 들어 서양의 알파벳은 오리엔트 문명의 설형문자와 이집트의 상형문자, 그리고 크레타의 선線문자 A와 B*를 거쳐 다시 페니키아Phoenicia**의 알파벳을 기초로 한 그리스 문자, 즉 지금의 알파벳으로 탄생했다.[21] 19세기 나폴레옹의 이집트 원정[22] 시기에 로제타석石, Rosetta Stone***을 발견하지 못했다면, 우린 영영 이집트의 상형문자와 오리엔트의 설형문자를 읽어내지 못했을지도 모른다. 더불어 그들 문화의 많은 부분도 영영 땅속에 묻혀버렸을 것이다.

중국의 한자 역시 서양의 문자만큼 오랜 역사를 갖고 있다. 우리나라도 세종대왕이 한글을 만들기 전까지 모든 문서와 기록물에 한자를 사용했으며, 우리의 문화 안에는 여러 주변국들의 문화가 스며들어 있다. 하나의 문화가 아무런 영향을 받지 않은 채 온전히 독단적으로 만들어지는 일은 거의 없다. 대중교통이 원활하지 않았던 시대임에도 고대인들 사이에서는 전쟁과 무역을 통한 문화 교류가 있었음을, 그들이 남긴 예술품을 통해 확인할 수 있다. 해상과 육상의 길을 통해, 사람의 눈과 귀를 통해 이미지 하

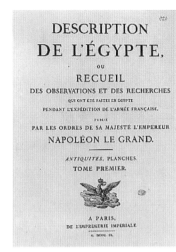

[22] 이집트에 관한 여러 조사를 실시했던 나폴레옹의 이집트 원정 후 그 성과는 《이집트지》(Description de l'Egypte, 1809~1828년)의 발간으로 이어졌다. 위의 그림은 그 간행물의 표지 이미지이다.

* 선문자 B는 1952년 영국의 M.G.F. 벤트리스(Ventris)에 의해 해독되어, 당시 행정조직과 사회의 모습을 추측할 수 있게 되었다. 하지만 선문자 A는 아직 해독되지 못하고 있다.

** 지금의 레바논, 시리아, 이스라엘 본부 등이 모여 있는 지중해 동쪽 해안 지역의 고대 도시 국가로, 기원전 3000년경 페니키아인이 건설함

*** 나폴레옹의 이집트 원정군이 로제타 마을에서 진지를 세우다 발견한 현무암의 비석 조각

[23] 아부 심벨(Abu Simbel)의 람세스
2세(Ramses II) 신전

나는 각 지역의 특색에 맞게 또 다른 형태의 새로운 이미지로 화化하였고,
그들이 전해 들은 이야기는 또 다른 이야기 샘을 자극하였다. 이런 과정을
거쳐 신화 속 영웅은 살아 있는 전설이 되어 그 지역의 신으로 신격화되기
도 하였다.

(1) 자연환경과 건축양식

이집트 신전에 있는 것이 왜 그리스 신전에는 없을까

일반적으로 그 지역의 자연환경에서 함께 거주하며 역사적 체험을 같이
한 사회 구성원이 모여 살면서 생성되는 것을 '문화'라 칭한다. 사람들이 모
여 있는 장소에 건축물이 들어선 것인지, 건축물을 축조하였기에 사람들이

[24] 왼쪽은 이집트 룩소르(Luxor)의 아몬(Amon) 신전, 그리고 오른쪽은 그리스 아테네의 파르테논(Parthenon) 신전의 모습이다.

모여든 것인지는 시대와 공간마다 다르게 나타난다. 하지만 사람들이 모여 살게 되면서 거주하기 위한 건축물을 축조하기 시작했다는 사실만큼은 확실하다. 지금부터 고대의 건축물들이 지역의 자연환경과 얼마나 밀접한 관계를 갖고 있는지 알아보도록 하자.

이집트 신전은 오리엔트 시대의 신전 및 궁전과 닮아 있고[23], 그리스 초기의 건축물과 조각은 이집트의 문화를 그대로 따르고 있다. 시대와 공간상으로 큰 차이가 있음에도 그리스인들의 모습에서 이집트와 오리엔트의 모습을 찾기란 그리 어려운 일이 아니다. 하지만 완전한 모방을 넘어서서 자기네들만의 자연환경에 맞게 응용하였기 때문에 '그들만의 건축물'로서 새롭게 만들어졌다고 보는 것이 더욱 바람직하다.

예를 들어, 이집트 신전을 살펴보면 사막의 건조한 바람과 기온 차를 극복하기 위해 외벽이 높게 쌓여 있고, 높은 담벽의 문을 열고 들어서면 오아시스를 상징하는, 종려나무의 형태로 세운 기둥이 열을 지어 서 있다. 반면 습기가 많지 않고 사계절이 온화한 지중해 기후의 영향을 받은 그리스의 신전에는 내부로 태양 빛이 최대한 깊이 들어오도록 하기 위해 외벽 없이 바로 기둥들이 열을 지어 세워진 것을 볼 수 있다.[24] 또, 화강암이 풍부했던 이집트에서는 피라미드도 화강암으로 이루어진 반면, 대리석 생산이 용이

[25] 카르나크에서 출토된 투트모세 3세의 문장 기둥

* 나일강 삼각주에 형성된 국가로, 위는 납작하고 뒤는 길게 뻗은 붉은 왕관을 쓴 왕이 통치

** 나일강 남쪽에서 스웨넷 시까지 뻗어간 국가로, 끝이 뾰족한 흰색의 왕관을 쓴 왕이 통치

했던 그리스에서는 모든 신전들이 대리석으로 건조建造되었다.

이집트 신전은 장식과 재료들을 이용하여 신들이 거주한 하늘을 형상화한 것으로, 기둥은 나무를, 천장은 하늘을 상징하고 있다. 거의 모든 신전과 피라미드의 내부 천정은 온통 수많은 별로 장식되어 있으며, 이 장식은 아랍 문화권에서도 만날 수 있다.

기둥 장식에 쓰인 식물 이미지의 변화를 통해서도 이집트 왕조의 변천사 및 다른 문명권과 교류한 흔적을 찾아볼 수 있다. 테베의 카르나크Karnak 신전은 안테프 1세Antef I가 신들의 왕 '아몬 라Amun Ra'에게 바치기 위해 지어지기 시작했으며, 후에 멘투호테프 2세Mentuhotep II에 의해 확장되고 세소스트리스 1세Sesostris I가 완성하였다고 한다.

이 신전의 동서축을 따라 계속 내려가면 신전 입구를 지키고 있는, 투트모세Thutmose가 지은 기둥 두 개를 볼 수 있다.[25] 북쪽 기둥에서는 하下 이집트*를 상징하는 파피루스Papyrus 장식을, 남쪽 기둥에는 상上 이집트**를 상징하는 백합꽃 장식을 볼 수 있다. 재미있는 사실은 이집트에서는 백합이 자생하지 않는다는 점이다. 백합의 자생지는 프랑스 동남부와 이탈리아 북부 알프스의 알바니아Albania와 마케도니아Macedonia, 자그로스 산맥의 골짜기이다. 그렇다면 그들은 어떻게 백합꽃을 새길 수 있었을까?

21세기 고고학자들은 제6왕조 필사본에 '긴 꽃잎을 가진'이라는 뜻의 '세센seshen'이라는 말이 나오는데 이는 상 이집트의 문장 식물을 가리키는 것으로 백합을 의미하며, 상 이집트 왕조의 최초의 파라오가 외국 태생임을 증명하는 단서라고 주장한다.

이처럼 이집트와 그리스의 건축에는 그들의 문화와 생활습관 등도 함께 남아 있다. 담이 높은 신전의 웅장함 이면에는 '닫힌 사회'를, 열 지어 선 회랑을 통해서는 '열린 사회'를 발견할 수 있다. 그러므로 신전과 궁전, 무덤뿐 아니라 그 건물을 장식하는 조각에 내포된 의미도 건축양식처럼 다를 수밖에 없다.

우선 가장 많이 접할 수 있는 조각은 창조신화의 신들과 올림포스 신들의 모습으로, 각각 이집트와 그리스의 도시 곳곳에 안치되어 있다. 고대 문화권에서 조각은 초상화의 개념에서부터 출발하였으며, 확실하지 않은 추상적 형상을 구체화함으로써 사람들에게 종교적 믿음을 더 강하게 심어줄 수 있었다. 한 번도 본 적이 없는 신의 모습을 손으로 만질 수 있는 형상으로 드러냄으로써 신화와 종교를 보다 구체적으로 역사화할 수 있었던 것이다. 즉, 죽어 있는 '무반응의 신의 세계'를 '반응이 있는 산 생명'으로 재현시켰다고 볼 수 있다.

　따라서 오래된 건축물일수록 그것이 속한 지형과 기후조건에 더 민감하게 영향을 받아 축조되었으며, 건축양식을 통해 각 문화권의 사회적 환경까지 엿볼 수 있다. 현대의 건축물은 과학기술에 힘입어 지형과 기후에 관계없이 다양한 디자인으로 축조되고 있지만, 사실 과거의 축조기술에 의해 만들어진 공간이야말로 인간이 살기에 가장 적합하고 아늑한 곳임을 부인할 수 없다. 따라서 자연환경은 건축의 절대적인 필수조건이자, 문화를 탄생시키는 원형이라 할 수 있다.

고대 그리스의 건축과 축제 문화:
소통의 도시로 거듭난 아테네의 비결

아고라와 노천극장: 토론 문화를 탄생시킨 공공의 건축물

기원전 5~4세기 그리스 아테네의 중심지에는 이전의 이집트와 오리엔트 문명권에선 볼 수 없었던 새로운 진풍경이 나타났다. 그곳에 신전과 왕궁뿐 아니라 '공공의 건축물'이 등장한 것이다. 이는 인류의 인식에 커다란 반향을 불러온 대단한 변화였다. 신과 왕을 위한 공간만이 허락되던 도시 중앙에 일반 시민들을 위한 건축물이 세워졌다는 것은 새로운 정치와 경제, 사회, 문화의 부산물이 탄생한 것으로 볼 수 있기 때문이다.

20세를 넘은 아테네의 장정들은 해 질 무렵 약속이나 한 듯 아고라Agora 광장 혹은 파르테논Parthenon이 올려다보이는 아크로폴리스Acropolis 아래로 하나둘씩 모여 자신들의 장기를 보이고 담소를 나누었다. 우리들이 익히 알고 있는 그리스의 정치, 철학, 기하학, 천문학 등에 걸친 폭넓은 전문지식과 지혜는 바로 이러한 '대화와 소통의 문화'로부터 출발하였다. 기원전 5~4세기는 그리스 문화의 절정기로, 커뮤니케이션의 끊임없는 반복을 통해 서로 간의 소통이 이루어졌다.

아크로폴리스를 재건한 페리클레스Perikles는 시민들을 위한 공공의 장소를 건설하게 하였고, 바로 이 공공의 건물과 장소에서 시민의 문화가 꽃피게 된다.[26] 생각을 함께 나누고, 하나의 결론을 내기 위해 여러 의견을 수

렴하는 모습은 이전 문화권에서는 참으로 보기 힘든 광경이었다. 아테네인
들은 멀리 떨어진 타국에서 무역을 하든 여행을 하고 돌아오든, 새롭고 신
기한 경험과 지식들을 얻게 되면 공공의 광장으로 모여들어 자신들의 체험
담을 열심히 전하였다.

　지중해성 기후의 특징인 한여름의 따가운 햇살도 커다란 고목이나 공공
의 회랑까지 침범할 수는 없었다. 만약 그들에게 이러한 공공의 건물과 장
소가 존재하지 않았다면 우리가 익히 알고 있는 그리스 문화가 탄생될 수
있었을까? 물론 그리스인들의 문화적 습성이 먼저냐 건축물이 먼저냐고 묻
는다면, 닭이 먼저냐 달걀이 먼저냐 하는 논란에 휘말리게 될 것이다.

　우선 그리스인들의 의사소통 방식에 가장 중요한 영향을 미친 것은 아리
스토텔레스의 견해처럼 지형과 기후조건 즉, 자연환경이라고 볼 수 있다.
삼면이 바다로 둘러싸여 있고 산악 지대가 많은 지리적 여건 덕분에 그리스
에는 일찍이 도시국가인 폴리스가 형성되었으며, 각각의 폴리스는 독립적
인 정치 · 경제 · 사회제도를 갖추며 성장했다. 그리스의 커뮤니케이션 스타
일에 중요한 역할을 담당한 것으로는 특히 기원전 8세기경부터 시작된 '도
시국가의 탄생'과 '문자의 사용'을 꼽을 수 있다. 도시국가에는 그 공간의
목적에 따라 정의한 아고라, 성소, 공공건물, 노천극장, 김나지움Gymnasium

[27] 아고라 광장에서 생선을 사는 시민을 그린 이미지(기원전 5세기)로 이 상황을 묘사한 글은 다음과 같다.
"코파이스의 장어가 바구니에 담겨 도착하자, 우리는 장을 보기 위해 모니코스, 텔레아스, 글라우세테스 등과 함께 법석을 떨었다. 너무 늦게 아고라에 도착한 멜란티오스는 장어가 다 팔린 것을 알고는 탄식을 했다."

등이 생겨났다. 그러나 정치적 · 사법적 · 종교적 특권을 누리는 시민들만이 도시국가의 구성원이 될 수 있었으며, 여성과 노예, 외국인까지 시민들의 모든 특권을 누릴 수는 없었다.

이 중에서도 특히 아고라는 그리스 도시국가의 상징이자 커뮤니케이션의 장소였다. 그러나 아고라가 초기부터 그러한 역할을 담당했던 것은 아니다. 초기 아고라는 교통의 중심지 옆에 자리하고, 여러 길이 교차하며 만들어진 삼각형의 빈 공간이었다. 이 공간에 성소가 들어오고 그 성소를 보호하기 위한 공공건물과 상점들이 들어서면서, 아고라는 종교 · 정치 · 경제의 기능을 맡게 된다. 이곳은 '개방된 장소'로, 시민들이 정보를 얻고 개인적인 용무 및 의사결정을 하기 위해 사람들과 만나 종교적 · 정치적 토론

[28] 고대 그리스 시대 에피다우로스(Epi-dauros)의 노천극장(왼쪽)과 현재 복원된 노천극장의 모습(오른쪽)

을 하던 '자유로운 공간'이자 '시장'이었다. 고대 그리스의 희극시인 아리스토파네스Aristophanes는 아고라의 상점에 모여든 남자들의 모습[27]을 다음과 같이 상세히 묘사한다.

아침부터 아고라는 많은 사람들로 붐볐다. 그리스에서는 '한낮' 혹은 '아침이 끝날 무렵'이라는 말을 '아고라가 꽉 찰 시간'이라 하기도 했다. 사람들은 여기서 산책을 즐기고, 여러 가지 소식을 퍼뜨리기도 하며, 서로 비판을 하기도 한다. 이곳은 단순히 이야기를 나누는 장소가 아니라 다중의 의사 표현이 가능한 장소였다. 따라서 아고라는 시민들의 토론의 장이자 예배 장소였고, 정치 집회장이자 시민들의 시장이었다. 즉, 도시국가의 거의 모든 활동이 이루어지는 중심지였다.

아고라가 그리스 커뮤니케이션의 일반적인 장場이라면, 그보다 한 단계 더 높은 차원의 장소는 바로 노천극장theatre이었다.[28] 이곳은 도시국가의 중대한 대소사에서부터 개인의 형사 · 민사 소송 건 및 희비극 상연과 음악

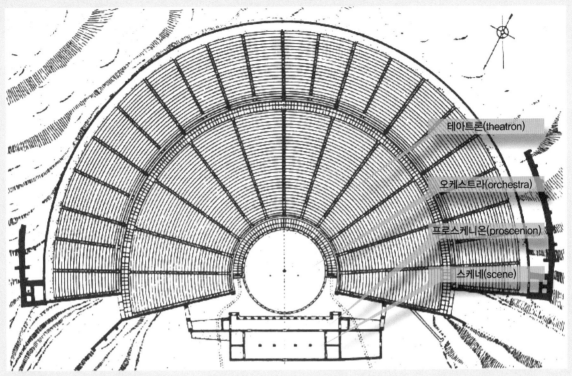

테아트론(theatron)

오케스트라(orchestra)

프로스케니온(proscenion)

스케네(scene)

[29] 고대 그리스 시대 에피다우로스의
노천극장 단면도

경연대회 등 나랏일과 개인의 일을 함께 도모했던 장소이다. 자연의 비탈을
토대로 설계되고 건축된 계단식 노천극장의 관람석 '테아트론theatron'의 정
면에는 원형의 '오케스트라orchestra'가 있다. 그리고 그 뒤로 1층 내지 2층
건물을 세워 연극 상연 시 배우들의 소품과 무대 장치인 '스케네scene'로 이
용했으며, 그 앞으로는 직사각형 모양의 낮은 무대 '프로스케니온proscenion'
이 있다.[29] 배우들은 관중석 맨 뒷좌석까지도 자신들의 모습이 잘 보이고
목소리도 잘 들리게 하기 위해 얼굴보다 큰 마스크를 쓰고, 마스크 밑단에
꽈리를 부착시켜 마이크와 같은 역할을 하도록 하였다. 그리고 키를 크게
보이게 하기 위해 긴 막대로 신발의 굽을 만들어 사용하였고, 그 위로 길게
튜닉tunic을 늘어뜨려 막대를 감추었다.

　일 년에 한 번, 길게는 나흘씩, 당선된 희극과 비극이 상연되면 아테네

시민들은 나흘 동안 하루 종일 총 15편 내지 17편의 연극을 관람했던 셈이다. 그들은 관람 후에 담소를 나누고 그들의 신과 영웅들의 이야기를 비평하였다. 때로는 희극을 비극으로, 비극을 희극으로 올려 시민들의 논쟁을 유발하였으며, 사회적 인식을 바꾸는 전환점을 만들기도 하였다. 마치 '드라마의 강국'이 된 21세기 한국의 시청자들이 보여주는 열기처럼, 그리스에서도 처음 대하는 사람들끼리 그날 시청한 드라마 내용을 함께 나누며 공감대를 형성하고 토론을 즐겼던 것이다.

[30] 호메로스 시대에 노천극장에서 사륜마차 경기를 관람하는 사람들의 모습

노천극장에 대한 이미지 기록은 그리스 시대 전반에 걸쳐 등장하지만, 초기 호메로스 시대[30]와 고전 시기[31] 등 시대에 따라 엄연히 그 내용이 달라진다. 즉, 트로이 시대의 노천극장에서는 연극이 아니라 주로 운동 경기나 전차 경기 등이 열렸고 관중들은 의견을 말하기보다 의성어로 표현한 반면, 고전 시기의 이미지 기록에는 연극에 출연하는 배우들의 표정 및 관중들의 반응에 대한 표현이 더욱 강세를 보인다.

최초의 연극은 기원전 534년경 페이시스트라토스Peisistratos가 통치하던 아테네에서 상영되었다. 3~4일간 열린 '범아테네 제전祭典'* 기간 중에 연극은 한 번 상영되었다. 연극축제는 겨울이나 초봄에 열렸는데 이때는 전쟁도 잠시 중지되었다. 연극축제를 관람할 수 있는 사람들은 도시국가의 시민들이었고, 여성과 어린아이, 노예, 외국인들은 처음부터 허용되지는 않았지만 많은 논쟁을 거친 후에는 다양한 계층의 사람들이 한 자리에 모여 관람할 수 있게 되었다. 번호가 붙어 있는 예약석을 포함한 전체 노천극장의 규모를 감안했을 때 그 당시의 좌석은 약 17,000개로 좌석 쟁탈전이 대단했을 것으로 짐작된다. 이와 같이 며칠에 거쳐 상영된 연극이 다양한 계층의 사람들에게 지속적으로 인기를 얻을 수 있었던 큰 이유는 연극축제가 곧 종교축제였기 때문이다.

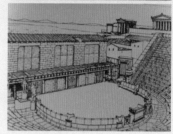

[31] 그리스의 고전 시기, 프리에네(Priene)에 설치된 노천극장의 현재 모습(위)과 복원도(아래)

* 4년에 한 번씩 아테네에서 열리는 제전으로 7월에 거행되며, 주로 체조와 육상 경기를 포함한 운동 경기, 서정시와 희비극 경연대회, 음악경연대회 등이 열렸다. 모든 경기와 경연대회는 종교적 감정, 신에 대한 믿음, 애국심을 고양시키는 데 기여하였다.

[32] 올림픽 경기 중인 기원전 그리스인
들의 이미지

새 출발에 대한 인류의 희망, 축제를 낳다

그리스인들은 공동의 올림포스 신들과 올림픽 경기[32] 및 종교의례를 매개로 4년 혹은 2년마다 지정된 도시에서 공동의 친목을 도모하는 '공동체의 문화 패턴'을 향유하였다. 매 4년마다 모든 그리스의 도시국가들이 모여 올림포스의 제우스 신전에서 가졌던 모임을 '펜테테릭 축제'라고 한다. 이는 매 4년마다 행해지는 축제라는 뜻이다. 올림픽 축제는 그리스 전역에서 가장 중요한 축제로 기원전 776년부터 시작되었다. 그리스인들은 정치적으로는 분리되었지만, 올림피아에서만큼은 자기네들의 동질성을 확인할 수 있었다.

축제는 7일 동안 계속되었으며, 노예들과 외국인들은 참석할 수 있었지만 결혼한 여성은 불가능했다. 첫째 날엔 제우스와 헤라클레스 제단에 제례의식을 치렀고, 둘째 날부터 닷새 동안은 체육 경기가 펼쳐졌다. 레슬링, 권투, 판크라티온pancration*, 네 가지 종류의 달리기 경주, 4두 2륜 전차 경주, 기수가 말 위에 직접 올라 시합하는 경주 등 모두 성인을 위한 10종목의 경기가 있었다.[33] 그리고 아이들은 스타디온stadion** 경주, 레슬링, 권투[34] 이렇게 3종목의 경기로 실력을 겨루었다. 마지막 날인 일곱 번째 날에는 승자에게 올리브나무로 만든 화관을 수여하였고, 엄숙한 행렬과 향

* 레슬링과 복싱을 결합한 듯한
격투무술

** 고대 그리스의 경기장

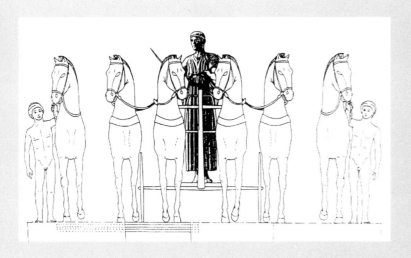

[33] 델피에서 발견된, 사륜전차 경기에서 우승한 이를 표현한 높이 1.8m의 청동 이미지(오른쪽)와 그가 남자 하인이 모는 네 마리의 말이 매인 전차에 서 있는 모습(왼쪽): 이 청년상은 기원전 478년 혹은 474년의 경기에서 승리한 것을 기념하기 위해 시칠리아의 도시 젤라(Gela)의 주인이었던 폴리잘로스(Polyzalos)가 헌납한 것이다. 눈은 유리와 돌로, 입술은 구리로, 머리띠 문양은 은으로 제작하여 실제와 같은 표현에 충실하였다.

연이 펼쳐졌다.

오랜 문명권에서 종교의례나 축제는 흔히 겨울이나 봄에 열렸는데, 이런 관례는 현대사회로도 이어지고 있다. 이집트인, 메소포타미아인, 유대인, 그 밖의 여러 고대 근동의 민족들은 세계를 주기적으로 '갱신'시킬 필요가 있다고 믿었다. 갱신은 창조의 반복을 상징하는 의례를 중심으로 이루어지는데, 이는 '시초의 완전함'이라는 사상과 인류의 '잃어버린 낙원'에 대한 기억으로부터 나온 종교적 체험이다. 여러 대륙의 창조신화에서 보았듯 인간은 하늘에 기거하고 있었으나 어떠한 일로 하늘에서 추방당한 하늘민족이기 때문이다. 신년은 창조를 상징했기에 세계를 갱신해야 할 이유가 존재했고, 그 믿음은 현대 인류의 뇌리에까지 여전히 자리 잡고 있다.

스페인의 라스 파야스Las Fallas를 예로 들어보자. 이는 발렌시아Valencia에서 매년 3월 봄을 알리기 위해 열리는 불꽃축제이다. 여러 농경사회에서 볼 수 있는 불의 축제는 매년 풍년과 건강, 번영 등을 기원하는 축제로 알려져 있다. 하지만 사실은 겨우내 잠들어 있던 모든 생명을 불로 태움으로써 낡은 것을 버리고 새로운 삶에 원동력을 주기 위한 '정화'라는 원형의 의미가 전승된 것이다. 해마다 봄이 되면 사람들은 조상들이 행했던 의식을 '그

[34] 크레타와 그리스의 권투시합 이미지

대로' 진행함으로써 조상들이 깨우친 삶의 지혜가 자기들에게도 전승된다고 믿었다. 병들고 낡고 어렵고 힘든 지난 것들을 모두 없애고 완전히 갱신하여 제로zero에서부터 새 삶을 펼치고자 하는 의미를 내포하고 있는 것으로, 이때의 봄은 '새로운 해의 시작'을 의미한다. 따라서 고대 왕조들은 지난 왕조의 모든 나쁜 것들을 없애고 때 묻지 않은 순결한 상태의 새로운 우주를 연다는 의미에서 성대한 즉위식을 치렀다.

고대 마야문명은 태양의 주기를 365.2420일로 측정했을 만큼 우주의 운행에 세밀한 주의와 관심을 기울였던 것으로 알려져 있다.[35] 마야인들은 1년을 18개월로 정했는데 이는 신성한 20명의 신들의 날들을 각각 기념하는 것으로, 신의 보호를 받을 수 있는 '성스러운 시간이 지배하는 날'들을 의미한다. 그리고 365일에서 이들 신들이 주재하는 날들을 뺀 닷새는 신들이 주재하지 못하는 '불운의 날'들을 의미한다. 바로 이 불운한 기간에 마야인들은 낡은 것들을 불에 태워 새롭고 신성한 날들을 준비했다.

라스 파야스 축제에도 목각 인형을 태우는 의식이 있다. 이는 2,000년 전 마야인들이 낡은 옷과 가구를 태웠던 의식을 떠오르게 한다. 식물이 오래된 잎을 떨어뜨리고 죽었다가 이듬해 다시 생명의 싹을 피우며 삶을 지속하는 것처럼, 이런 의식은 바로 '재생을 위한 죽음'을 의미한다. 우리의 쥐불놀이 또한 정월 보름에 행하는 의례적 행사의 흔적으로, 한 해 농사의 시작을 제대로 준비하고 풍요와 안녕을 기원하기 위한 것이다. 이 역시 봄을 맞이하며 지난해를 보내고 한 해를 새롭게 시작하고자 한 죽음의 의례와 같은 맥락에서 볼 수 있다.

우리는 서로 관련 없어 보이는 '공공의 건물, 커뮤니케이션, 축제, 갱신, 풍요'와 같은 개념들이 사실 서로 깊은 연관이 있음을 보았다. 인류는 '한 장소'에 모여 '일정한 시간'에 다가올 새로운 날들에 대한 불안과 두려움을 날려버리기 위한 축제를 열었고, '같은 생각과 의식을 바탕으로 한 커뮤니케이션'을 통해 서로 마음을 열고 희망을 약속하였던 것이다.

[35] 마야문명의 대유적지 치첸이트사(Chichén Itza)에 있는 카스티요(Castollo) 피라미드: 91개의 계단이 동서남북으로 펼쳐져 있으며, 마지막 꼭대기의 제단 한 개까지 합치면 다음과 같은 공식이 나와 1년을 365일로 계산한 마야인들의 계산법을 증명한다.

$$
\begin{array}{r}
91\,(\text{계단의 수}) \\
\times \quad\quad 4\,(\text{동서남북}) \\
\hline
364
\end{array}
$$

$$364 + 1(\text{꼭대기 제단}) = 365(\text{일})$$

[36] 새의 깃털을 머리에 꽂고 있는 이집트의 정의의 여신, 마트: 이집트인들은 마트가 심판 시 죽은 자의 심장과 새의 깃털을 저울에 달아 수평을 유지하면 하늘로 올라갈 수 있고, 만약 한쪽으로 기울면 지옥으로 떨어진다고 여겼다.

[37] 저울의 왼쪽으로는 파라오가, 그 뒤로는 토트 신이, 마지막으로 마트 여신이 머리에 깃털을 꽂고 서 있다.

(2) 이미지와 예술표현양식

이집트에선 깃털을 꽂고, 그리스에선 투구를 쓴 정의의 신

건축, 조각, 벽화, 도기화, 회화, 영상 등 문화의 흔적을 통해 만난 이미지들은 의식과 물질의 변화에 따라 시대와 장소별로 다양한 양식을 낳았다. 시대의 유행을 따랐든 독특한 현상을 표현하였든 하나의 이미지 속에서 우린 그 시대의 사회문화적 현상을 읽어낼 수 있다. 왜냐하면 이미지에 내포된 제작 의도에도 사회적 협의에 의해 축적된 다양한 상징들이 결합되어 있기 때문이다. 그러므로 이미지의 제작 시기 및 제작자의 의도를 파악하여 사회의 변동 추이와 당시 팽배했던 가치관까지 추정할 수 있다.

동일한 예술양식으로 표현된 이미지에서조차도 제작자의 내면에 따라 선과 면, 색깔 등이 달리 선택되어 다양한 구도가 만들어지고, 동일한 양식 내에서도 또 서로 다른 양식이 만들어지기도 한다. 이집트 시대의 음악과 춤, 향기, 회화, 조각 등에도 동시대 사람들이 가졌던 생각이 잠재되어 있다. 따라서 이렇게 만들어진 예술품은 삶의 고단함을 보상하고 사람들의 마음을 치유하는 역할을 하였다. 즉, 하나의 선과 면, 색에는 제작자의 심리적 양상들이 내포되어 있어 보는 이로 하여금 평온함과 안락함을 느끼게 할 수도 있고, 때로는 불편함과 무서움, 두려움을 갖도록 할 수도 있다. 인간이 어떤 사물이나 개념을 인식하고 그 인식된 개념을 형상화하여 이미지로 표현하면, 당연히 그 이미지에는 인간의 개별적 심리와 사회적 심리 등이 함께 어우러질 수밖에 없다. 현대 심리학은 다양한 실험적 데이터를 토대로 음악·무용·미술·향기 테라피therapy에 대한 고대인들의 흔적을 새롭게 발굴하는 등, 심신을 치료하는 영역에 관심을 쏟고 있다. 현대의 치료방식이 우리의 시대만이 가진 배타적인 창조적 산물이 아님을 증명하는 셈이다.

이집트와 그리스에서 '정의의 신'은 모두 여신으로, 각각 마트Maat와 아테나이다. 두 여신은 같은 것을 상징하는 여신이지만 문명권의 차이로 인한 예술표현양식의 변화를 반영하고 있다. 이집트의 마트는 《사자의 서Book of the Dead》에서 묘사된 것처럼, 파라오가 사후에 지혜의 신 토트 앞에서 자신의 심장과 새의 깃털이 저울에 올려져 삶과 죽음에 대한 심판을 받을 때 그 심판을 주관했던 여신이다.[36], [37] 반면 그리스의 아테나는 살아 있는 자들이 전쟁터에 나가 자신들의 도시국가를 위해 용맹하게 싸울 때 전쟁의 승리를 예견해주던 여신이다.[38] 이를 통해 그리스 사회에서는 적극적인 삶의 자세를 더 견고히 하는 '사회적 공명심'이 죽음 이후의 세계보다 훨씬 중요했던 반면, 이집트 사회는 삶의 무게보다 '사후세계에 대한 의식'에 더욱 중점을 두었음을 알 수 있다.

또한 두 여신은 상징적 의미만 다른 것이 아니라, 형상과 개념도 예술표현양식에 의해 전혀 다른 두 존재로 이미지화되었다. 마트의 머리에는 죽은 자의 심장을 심판하는 깃털이 꽂혀 있고, 아테나의 머리에는 투구가 씌워져 있다. 그리고 의상 역시 각 시대적 표현양식에 따라 달리 표현되었고, 인물의 표정 묘사에 있어서도 역시 각 시대가 원하는 그들만의 양식이 돋보인다. 그러므로 지금의 우리는 이집트 시대와 그리스 시대의 이미지를 혼돈하지 않고 명확히 구분할 수 있는 것이다.

그리스인들의 '정의의 신'은 죽음 이후의 삶을 심판하는 역할까지 담당하지 않았다. 그들은 현재 처한 삶의 전쟁이나 토론의 분쟁에서, 혹은 기술을 계승하는 데 있어 '정의의 신'을 찾았다. 하나의 기술이 만들어지고 계승되기까지는 부단한 노력과 더불어 실패의 반복을 거쳐야 하는데, 이에 대한 어려움을 신이 알게 함으로써 그 용도에 대해 숙고하며 사용할 수 있도록한 것이다. 이처럼 아테나 여신은 그리스인들의 치열한 삶의 한복판에 자리하며 그들과 함께 고민하고 생각하는 존재였다. 따라서 이집트의 만신전에서는 살아 있는 자들을 위한 소리가 작았다면, 그리스의 만신전에는 산 자들을 위한 흔적이 더 많았음을 알 수 있다.

고대인들의 가슴속을 장악했던 삶과 죽음, 낮과 밤, 질서와 혼돈, 남과

[38] 그리스의 정의의 여신이자 전쟁의 수호신인 아테나: 아테나의 아버지는 올림포스의 신들 중에서도 최고의 신이었던 제우스로, 그녀는 완전무장을 한 채 성숙한 모습으로 제우스의 머리를 쪼개며 알에서 태어나듯 탄생하였다. 그리고 아테나는 아테네의 수호신으로 전쟁과 여러 분쟁 등에서 정의를 주관하였으며, 전쟁터의 중앙에서는 승자의 곁에 서 있었다.

여, 젊음과 늙음 등 막연하고 추상적인 개념들은 신화와 종교, 예술을 통해 살아 있는 생명으로 재탄생되었다. 그 뒤로 신들의 이야기는 대代를 이어가면서 절대적인 말씀이 되었고, 감히 거역할 수 없는 그들만의 삶과 죽음의 이정표가 되었다. 그러므로 파라오의 절대적인 힘과 권력, 올림포스 신들의 시기와 질투, 투쟁과 협력이 난무하는 이야기들은 오랜 시간 동안 그 힘을 잃지 않고 대물림될 수 있었다.

이집트의 인물 이미지는 왜 항상 측면으로 서 있을까

비실재적인 신화와 종교적 관념들은 매번 예술표현양식에 변화를 가져왔지만 아무런 기준 없이 새로운 양식이 탄생된 것은 결코 아니었다. 예를 들어, 이집트의 예술양식은 약 3,000년 이상 파라오의 '위계적 양식Hieratic Expression'을 따랐다. '인물들의 표정은 엄숙하게 표현해야 한다'와 같은 원칙에 의해 절제된 표현을 함으로써 사회 지배층의 엘리트들을 만족시키는 '제도적 미술 표현'이 대세였던 것이다. 하지만 이처럼 엄격한 파라오 양식을 따른다 해도 제작인들의 섬세한 감각과 우아한 드로잉까지 숨길 수는 없었다.

이집트인들은 인물 표현에 있어 오랫동안 고수해온 '정면의 법칙'과 '위계의 법칙'에 따라 얼굴은 언제나 측면의 모습으로, 눈은 정면에서 본 것과 같은 모습이되 한쪽만 보이도록 했다.[39] 그리고 어깨와 몸통은 반드시 정면으로 향하도록 하였다. 다만, 여성일 경우에는 한쪽 가슴만 보이도록 제작하였다. 팔과 다리도 측면에서 보았을 때의 모습을 함과 동시에 늘어지게 표현해야 했다. 만약 서 있는 사람일 경우엔 언제나 두 발을 땅 위에 확실하게 딛고 있도록 그려야 한다. 그러나 이 모든 위계적 법칙이 동물과 노동자, 음악가, 무용가 등 세속적인 활동에 종사하는 사람들을 표현할 때는 적용되지 않았다. 즉 예술표현양식 자체가 파라오의 위상을 대변하였으며, 보는 사람들로 하여금 신에 버금가는 권력을 가진 파라오에 대한 절대적 순

[39] 기원전 5세기 레모제의 무덤(Tomb of Remose)에 그려진 장례행렬 이미지(위)와 네바문의 무덤(Tomb of Nebamun)에서 발견된 무희들의 이미지(아래): 인물들은 모두 정면의 법칙을 따르고 있다.

[40] 네바문의 무덤에 묘사된 늪지대에서의 사냥 장면(기원전 1450~1350년): 인물은 위계적 법칙에 따라 표현되고, 동식물은 자연주의적으로 묘사되어 서로 대조적인 모습을 보이고 있다.

종을 지향하도록 하기 위한 것임을 짐작할 수 있다.

테베의 네바문Nebamun 무덤에서 출토된 '늪지대에서의 새 사냥[40]'은 기원전 1450~1350년의 작품으로 추정되고 있는데, '위계적 법칙'에 의한 인물의 표현양식과는 달리 새의 무리에 대한 묘사에는 절묘한 자연주의가 잘 나타나 있다. 또, 인물의 묘사처럼 측면이 아니라 다양한 각도에서 보이는 모습을 나타내고 있으며, 새가 퍼덕거리는 모습을 실제와 가깝게 표현하기 위해 생동감을 살릴 수 있는 선들을 활용한 것을 볼 수 있다. 따라서 이집트 미술가들의 테크닉 부족으로 인해 표현력이 떨어져 '위계적 법칙'이 나온 것이 아니라, 사회문화적 배경에 의한 파라오의 위엄과 근엄함을 강조하기 위해 만들어진 표현양식인 것을 확인할 수 있다.

그리고 화면 중앙에는 사냥하는 젊은 남자가 가장 크게 그려져 있고, 그 뒤로 젊은 여인이 화살통을 들고 있다. 그들은 각각 무덤의 주인인 파라오와 왕비이며, 파라오의 다리 밑에 작게 그려진 소녀는 노예이다. 이들의 크기가 서로 다른 것은 사회적 지위에 따라 한 장면 속에 등장하는 인물의 크기가 달리 그려져야 했기 때문이다. 이러한 일련의 예술표현양식들은 비단 이집트에만 국한된 것이 아니라, 메소포타미아를 비롯한 근동과 그리스의 지중해 세계에서도 발견된다. 오늘날 예술심리학에서도 밝히고 있듯, 그림을 그린 사람의 내면에서 중요한 인물일수록 화면에서 상대적으로 가장 크게 그리는 것이 인류에게 공통적으로 나타나는 심리현상인 것이다.

다시 말해, 인류의 '원형적 심성'은 인물의 위치와 크기에 따라 그의 사회적 위치와 역할을 드러내고자 한 고대인들의 인식이 각인된 것임을 확인할 수 있다. 우리는 미처 인식하지 못하더라도 이렇게 무의식적인 반복에 의해 이어져온 표현양식들은 인류의 DNA 속에 내재되어 하나의 예술표현양식 코드로 자리 잡아 대물림되어왔다.

고대사회를 주름잡던 왕과 엘리트층의 권력 및 위엄에 초점을 맞춘 위계적 표현양식에 이어, 기원전 3000~1200년에도 새로운 예술표현양식이 발견된다. 이는 일반인들의 일상적인 생활 모습을 표현하고 있으며, 역동적 장면과 함께 원초적인 생명력이 강하게 느껴지는 화려한 색채를 특징으로 한다. 다시 말해, 절대적 권위를 가진 파라오의 중앙집권정치에서 탈피하여 도시연방국가의 체계를 갖춘 도시국가들이 등장하면서 일반 시민들의 삶도 존중받는 새로운 개념의 국가들이 등장했음을 알 수 있다. 기원전 3000년을 기준으로 그 이후의 시기에는 인류 문명의 가장 획기적인 사건들과 문화예술적 표현양식들이 거의 모두 총집결되어 나타났다고 해도 과언이 아니다. 지중해 세계를 중심으로 인류의 화려한 문명들이 스펙터클spectacle처럼

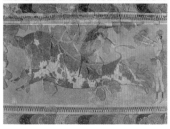

[41] 기원전 1500년경에 그려진 크노소스 궁전의 프레스코화. 위에서부터 차례로 청색 여인들, 원숭이 두 마리, 맨 마지막은 황소 타기를 묘사한 이미지: 크레타 문명을 대표하는 작품들로 이집트와 그리스 본토, 에게 해의 여러 섬들과의 활발한 교역 및 잦은 왕래를 통해 크레타만의 독특한 이미지 표현방식을 낳았다. 화려하고 생동감 넘치는 색감과 형태가 특징이며, 특권층에만 집중하지 않고 다양한 계층의 사람들과 삶의 모습들도 표현하였다.

펼쳐진 것이다. 21세기 현재 유네스코UNESCO가 선정한 문화유적지가 어느 곳에 가장 많이 분포해 있는지를 보면 금방 알 수 있다.

삶에 대한 새로운 적응방식에 따라 문화와 예술의 표현양식은 변화를 거듭하지만 그러한 변화가 늘 완전한 창조에 의해서 새로운 패턴을 만들어내는 것은 아니다. 인간이 표현해내는 새로운new 양식이란 사실 시간의 회귀성에 의해 수많은 문화예술양식의 패러다임들을 답습한 것이거나 서로 다른 문화들이 충돌하고 융합되어 나타난 것이다.

기원전 3000년 이후로 접어들면, 지중해 세계에서 힘이 있던 이집트 문명권을 중심으로 근동의 페르시아와 에게 해의 크레타 문명이 그리스 문명으로 흡수된다. 이렇게 탄생한 문화는 그리스 문명을 밝게 비추며 이집트와의 활발한 무역을 통해 차츰 자신들만의 예술표현양식을 새롭게 창출한다. 따라서 에게 해의 수많은 섬 중에서 가장 컸던 크레타에서는 이전의 지중해 세계권에서 볼 수 없던 새로운 예술표현양식이 등장한다. 눈과 몸체는 정면의 법칙에 의한 위계적 표현양식이 돋보이지만, 그려진 인물들의 우아함이나 정밀성, 일상적인 모습과 행복한 표정들은 테베나 니네베Nineveh, 바빌로니아Babylonia 등의 작품보다도 더 현대 예술을 연상하게 한다. 그러나 크노소스Knossos 궁전에서 발견된 프레스코Fresco화畵에서는 그들에게 매우 중요했던 '소싸움' 같은 '공식적'인 주제들을 다루고 있는데, 양식화된 표정과 역동적 장면에도 불구하고 여기에서는 위계적인 형식을 엿볼 수 있다.[41]

파라오만을 위한 이집트의 피라미드, 시민들을 위한 그리스의 조촐한 비석

지중해 세계의 중심이 이집트와 메소포타미아에서 에게 해로 이동되는 시기쯤 그리스 본토에서도 서서히 문명의 움직임이 본격적으로 일어나기 시작한다. 크레타의 미노스 문명과 미케네 문명은 그리스 도시연방국가의 형태를 만들어가며 자신들만의 독특한 문화와 예술의 씨앗들을 가꾸었다. 기원전 8세기 전후로는 기하학적이거나 동물들의 패턴에 관한 양식이 주를 이루다 기원전 6세기를 지나 5~4세기로 접어들면 그리스의 문화와 예술은 최고의 전성기를 맞이한다. 이때는 자연환경에 적응하며 형성된 철학과 종교, 신화, 정치 등과 관련된 개념들이 명확해지고, 이전 시대에서 볼 수 없던 인식의 변화가 나타난다.

그리스인들은 완벽한 균형과 비례를 토대로 인간의 육신에 대해 적극적으로 표현하였고[42], 이를 통해 인간의 이성을 논리적으로 증명하려 했다. 그것은 곧 '미beauty'와 '완전성perfect'을 추구한 예술표현양식을 낳았다. 초기 그리스인들은 사람들을 즐겁게 만들고 감탄하게 하는 모든 것을 '아름답다'고 여겼다. 그러므로 미의 개념은 시각이나 청각에 속하는 형태와 색, 소리에만 국한되지 않고 습관과 행위, 법률과 도덕, 과학과 진리에 이르기까지 폭넓게 사용되었다. "가장 공정한 것이 가장 아름다운 것이다."라는 델피 신탁의 선언을 통해 우리는 그들이 쓴 '칼론kalón', 즉 '아름답다'는 말이 얼마나 넓은 의미로 사용되었는지 알 수 있다.

그러나 기원전 5세기경 소피스트Sophist들에 의해 '미'는 보다 감각적인 대상에 국한된 개념으로 정의된다. 즉, 미는 '시각과 청각에 즐거움을 주는 것'이라는 매우 협소한 의미를 갖게 된다. 또한 대상이 지닌 '비례comparison'는 아름다운 사물 그 자체를 말하게 되었으며, 소크라테스에 의해 영혼을 표현하는 '정신 미'와 비례에 입각한 '형식 미'로 분리되었다. 그리고 플라톤은 진선미眞善美를 통해 '미의 고유성'을 주장했다. 이처럼 그리스인들은 존재의 부분들 상호 간에 훌륭한 비례가 맞는 완전한 사물들을 아름다운 사물이라 했고, 그러한 완전함이 청각으로 실현되는 것을 조화harmony라고 했으며, 건축이나 조각, 회화의 시각적 영역에서는 '비례'라 했다. 따라서 좁은 의미에서의 '아름답다'는 조화나 비례가 균형 잡혀 있는 것을 뜻한다. 이처럼 그리스인들은 '완전한 인간 형상'을 추구했고, 회화의 경우에는 명암법을 이용하여 '조각과 같은' 느낌이 나도록 그렸다.

인류가 의식주를 해결하기 위해 가장 먼저 만들어 사용한 도구 중 하나

[42] 파리스(Paris) 상(기원전 350~330년): '비례, 균형, 조화'와 상통하는 미의 개념을 바탕으로 제작된 그리스 고전 시기의 조각상으로, 영원한 젊음을 상징하는 '가장 빛나는 청춘의 모습'으로 제작되었다.

[43] 동일한 대상에 대한 조각과 회화 작품의 비교: 위의 두 개는 디오니소스의 여사제인 메나드를, 아래 두 개는 아테나를 그린 것으로 당대에는 유명한 조각품을 만들면 그 조각을 본떠 도기 등에 표현함으로써 이미지가 널리 보급될 수 있었다.

는 '도기陶器'이다. 물을 담든 곡식과 야채를 담든 도기의 형태 역시 문화마다 독특한 예술표현양식을 낳았다. 이집트의 회화양식에서는 피라미드 내부 벽면과 천정 등을 뒤덮고 있는 벽화가 주된 이미지인 반면, 그리스에서는 도기의 표면을 장식한 이미지들이 그 주를 이룬다.[43] 그러므로 그리스 도기화는 회화적 표현양식의 패턴과 동시대의 인식 변화 등을 살펴볼 수 있는 귀중한 이미지 자료이다. 그들은 도기에 신화와 전설, 종교예식 및 축제행렬, 각종 경기나 연극 공연의 모습들을 세세히 빠짐없이 기록함으로써 문화인류학에 소중한 미시사적 자료를 제공하였다.[44]

이집트를 중심으로 한 근동의 예술양식과 그리스의 예술양식의 가장 큰 차이는 이미지가 주로 절대적 왕권 중심의 이미지에 국한되어 있는지 개인의 일상생활과 같은 사사로운 영역까지 표현되어 있는지에 있다. 이집트에서는 파라오가 죽은 후 사후세계에 대한 신화적 모티브에 의해 피라미드가 축조되었지만[45], [46], 그리스에서는 전쟁에 나가 용감히 싸우다 전사한 젊은 병사를 위해 조촐하게 비석을 세웠다.[47] 피라미드와 그리스의 비석을 비교하면 그 형태나 크기, 건조하는 데 드는 시간과 경비 등에 있어 둘 간의 격차가 상당함을 알 수 있다.

이러한 예술양식의 차이는 단지 사회의 선호도에 의해서만이 아니라 두 사회의 정치적 배경이 달랐기 때문에 발생한 것이다. 파라오의 거대한 피라미드의 모습과는 판이하게 다른 그리스의 묘비석은 사회제도에 급격한 변화가 있었음을 보여준다. 또, 개인의 무덤이 도시의 한가운데에까지 들어오도록 한 것으로 보아 도시계획에 있어서도 변화가 있었음을 예측할 수 있다.

[44] 신화와 종교예식을 표현한 이미지

이집트에서는 수렵사회의 강력한 '신화적 이미지'가 절대왕권 강화를 위한 '정치적 모티브'로 계승된다. 예술 표현에 있어서도 파라오를 신격화할 수 있는 이미지들로 양식화함으로써 왕권을 합리화시켰다. 반면, 그리스는 산과 협곡이 많은 자연환경의 영향으로 일찍부터 도시연방국가 형태의 자

[45] 파라오들의 무덤이 함께 모여 있는 죽음의 계곡: 이곳에서 이집트 제18왕조 제12대 왕 투탕카멘(Tutankhamen, 기원전 1361~1352년에 재위)의 묘가 발굴되었다.

[46] 이집트 피라미드 내부의 벽화: 파라오 생전의 업적과 함께 파라오가 부활하여 돌아왔을 때 낯설지 않도록 생전에 영화를 누리던 모습을 표현하였다. 이처럼 하나하나의 이미지는 시대별 왕조의 사회문화적 코드로 상징화되어 있어, 그 이미지들을 통해 당대의 생활상을 복원할 수 있는 것이다.

[47] 그리스의 묘비석 이미지: 앉아 있는 이는 대부분 망자(亡子)이며, 그 앞에는 망자의 죽음을 슬퍼하는 가족이 서 있는 구도로 이루어져 있다.

[48] 백색 레키토스에 그려진 이미지(왼쪽과 오른쪽): 죽음을 애도하기 위해 제작된 도기로 주로 무덤의 이미지나 무덤을 방문하는 가족들의 모습을 담았고, 부장품으로도 널리 애용되었다.

치적인 독립체, 즉 도시가 발전하여 강력한 중앙집권적인 왕권이 지속될 수가 없었다. 그 결과, 여러 다양한 의견을 하나로 수렴하기 위해서 보다 많은 도시국가들의 동의를 구해야 했고, 그중에서 보다 객관적이고 합리적인 논의만이 채택되는 과정을 통해 로고스에 의한 토론 문화가 자리 잡게 된다. 다시 말해, 이집트 사회에서는 수직적인 계층 간의 '일방향적 소통'이 주를 이루었다면, 그리스에서는 '쌍방향적인 커뮤니케이션'의 장이 열렸음을 알 수 있다.

현 사회체계의 이념이 무엇을 추구하느냐에 따라 예술표현양식에서도 커다란 변화가 일어난다. 기원전 5세기경에 제작된 '백색 레키토스White Lekytos'는 전쟁에서 돌아오지 못한 많은 전사들의 죽음을 애도하기 위해 만든 향유를 담는 도기로(물론 군인들의 죽음만을 애도한 이미지만 존재하는 것은 아니지만), 아테네를 승리로 이끈 페르시아와의 전쟁 이후 더 많이 성행한 예술양식이다.[48]

[49] 그리스의 청년을 조각한 쿠로스(왼쪽)와 젊은 여성을 표현한 코레(오른쪽)

그러나 기원전 6세기 말의 그리스 작품 중 청년의 모습을 조각한 대표적인 작품 '쿠로스kouros'와 젊은 여성을 칭하는 '코레Kore'에서도 우리는 이집트의 위계적 표현법칙을 발견할 수 있다.[49] 그림49를 보면 알 수 있듯이 주먹을 쥔 두 손을 나란히 몸통에 붙이고, 왼발을 오른발보다 약간 앞으로 내민 상태로 무게의 중심을 잡은 포즈에서 이집트의 영향이 엿보인다. 하지만 정면을 향하고 있는 얼굴과 어깨의 방향은 그리스만의 독자적인 예술표현양식이다. 이 시기를 그리스만의 독특한 예술양식이 시작된 때라 하여 '아르카익Archaic 시대(기원전 7~6세기)'라 부른다.[50] 이처럼 이미지의 다양한 예술양식에서 문화의 계승과 단절, 충돌과 융합에 의한 변화를 확인할 수 있다.

헬레니즘 시대, 절대적 미에서 벗어나 인간 본연의 모습으로

그리스 예술양식의 최고 절정기라 불리는 '고전Classic 시기'는 기원전 5세기에서 4세기 말까지 지속된다. 이 시기의 예술작품들은 앞서 말한 '비례와 균형, 조화'에 입각하여 만들어졌기 때문이다. 그리스의 고전 시기에는 모든 조형예술 분야에서 '캐논canon*'이 기준이 되었다. 이것은 '미의 본질은 곧 비례'라는 그리스인들의 이론으로, 부분들의 배치에 있어서도 질서와 규칙이 존재했음을 의미한다. 그러므로 인간의 형상은 완벽한 비례와 균형을 자랑하는 모습으로, 얼굴 표정은 엄숙하게 표현해야 했다. 하지만 점차 이런 양식에서 벗어나 개성적인 표정을 가진 인물의 초상을 그리기 시작한다. 그리고 자연과 생명, 열정과 감정에 대한 애호가 생겨나면서점차 인물들을 일렬로 배치한 1차원적 공간에서 탈피하여 3차원의 회화적공간을 활용하였다.

고전 시기까지는 이처럼 절대적인 미의 기준에 의해 이데아적인 개념을형상화한 예술양식을 추구하였지만[51], 기원전 3세기 '헬레니즘 시기'로 들어오면서 병들고 죽어가며 일그러진 얼굴을 하고 있는 사람, 전쟁터에서 부상을 당해 피를 흘리며 신음하는 병사 등 실질적인 모습을 그대로 반영하는'사실주의Realism'가 대두된다.[52] 로고스의 논증을 통한 철학적 사념思念을중시하고, 윤리주의가 팽배했던 그리스 정통주의에서 벗어나 있는 그대로의 모습과 생활을 보다 자연스럽게 보여주는 현실적 이미지들이 각광받기시작한 것이다. 인류의 오랜 신화적 모티브였던 '죽음 없는 영원한 삶에 대

[50] 아르카익의 미소(Archaic Smile): 아르카익 시대의 조각상에서 공통적으로 나타나는 표정

[51] 암포라의 이미지: 에게 해 북부의 타소스(Tassos) 섬 출신의 화가, 폴리그노토스(Polygnotos)의 작품. 자신이 낳은 아들과 딸들 덕분에 하늘의 아폴론과 아르테미스의 어머니 레토(Leto)가 부럽지 않다고 말한 니오베(Niobe)가 그 대가로 자식들이 두 신의 화살에 맞아 죽임을 당하는 것을 표현하였다.

* 본래 '규범'을 뜻하는 말로, 미술에서는 인체의 이상적인 비례를 의미함

한 동경'을 담은 이집트의 예술양식, 늙음을 배제하고 '영원히 청춘의 모습이기만을 갈망'한 그리스의 예술양식은 더 이상 인류에게 감흥을 주지 못했다. 잘 다듬고 가꾸어진 형태는 사람들에게 '미의 본질'에 대한 안정감을 주지만, 흐트러진 무질서 속에서 불현듯 일어나는 감흥을 주는 데까지는 한계가 있었던 것이리라. 즉, 헬레니즘 시대의 사람들은 만들어진 감동보다 '보이는 그대로의 삶'에서 드러나는 감동을 더 원했던 것이다.

[52] 그리스의 헬레니즘 시기에 제작된 〈라오콘〉(Laocoon, 아폴론을 섬기는 트로이의 제관(祭官)): 고전 시기에 볼 수 없었던 생로병사에 대한 표현이 이루어졌으며, 특히 죽어가는 이들의 고통이 느껴질 정도로 처참하게 묘사되었다.

수렵시대 동굴벽화의 대부분은 올려다봐야만 하는 천정과 벽면에 그려져 보다 적극적으로 하늘에 대한 숭배의식을 나타냈지만, 문명화되는 과정에서 인류는 하늘과의 소통보다는 '땅 위의 사람들과의 소통'을 중시하게 되었다. 그러면서 이미지는 천정과 벽에서 바닥으로 내려가게 된다. 이러한 현상이 잘 반영된 예가 바로 헬레니즘 말기에 나타나기 시작하여 로마에서 꽃은 피운 '모자이크mosaic'이다. 델로스Delos 섬의 일반 가옥에서 잘 보존된 채로 발굴된 모자이

[53] 알렉산더 대왕(왼쪽)과 돌고래(오른쪽)를 묘사한 모자이크 양식

[54] 현재 폼페이에 남아 있는 사택의 정원 전경

크 양식들은 현대와 마찬가지로 목욕탕과 부엌, 거실에 주로 사용되었다. 동선을 고려하여 집 내부 중 사람들이 가장 자주 들락거리는 공간에 모자이크를 설치함으로써 실질적인 생활에 유리하도록 했던 것이다.[53]

건축, 조각, 벽화, 도기화, 회화, 영상 등에서 나타나는 이미지들은 우선 '테크닉'에 따라 시대와 장소별로 양식을 구분할 수 있다. 그리고 제작 시기와 주체자의 의도에 따라서도 사회적 변이도 및 가치관을 추정할 수 있다. 그리스 고전 시기의 조각상들은 한결같이 젊고 아름다운 모습이지만, 헬레니즘 시기의 조각상에서는 희로애락喜怒哀樂과 더불어 생로병사生老病死의 귀로에 서 있는 인간을 발견할 수 있다.

이러한 변화가 일어난 배경에는 종교, 정치, 철학 등 여러 영역에서의 사회적인 변화가 깔려 있었다. 잦은 전쟁으로 인해 실제로 존재한다고 믿었던 신들에 대한 회의와 함께 로고스의 철학적 개념이 성숙하면서 절대적인 것은 없다고 생각하기에 이르렀고, 이것은 그리스인들의 사고와 의식에 변화를 낳았다. 그러므로 이 시기에 들어서면 신들과 영웅들의 조각뿐 아니라 개인의 초상들까지 조각하여 자신들의 집 안뜰과 정원에 배치하게 되는데, 이러한 경향은 로마 시대에 극에 달해 자신들의 가문과 가족의 모습까지 집안 곳곳에 안치하기 시작한다.

이렇게 일반 사택私宅에까지 예술표현양식이 화려하게 꽃피웠던 헬레니즘 시기의 흔적을 폼페이 유적지에서도 만날 수 있다.[54] 서기 약 14년부터 63년 사이에 폭발한 베수비어스Vesuvius 화산 때문에 현재까지 폼페이의 유물들이 고스란히 발굴되고 있기 때문이다.

폼페이 예술양식은 총 네 가지로 도식화할 수 있다. 제1양식인 상감세공象嵌細工*과 제2양식인 건축적 양식은 평평한 벽면에 기초적 원근법을 활용하여 상상 속 도시의 풍경을 담았다. 그리고 제3양식은 장식적 양식으로 매우 환상적인 건축적 요소들을 넣어 비실재하는 것처럼 보이도록 표현하였다. 제4양식은 환상적 양식으로 상상 속 동물과 꽃들을 인물과 결합시킴으로써 환상적인 구도를 보여주며, 극적인 공간 표현과 풍부한 장식 등이 특색인 바로크양식과 흡사하다. 그 외에도 부조浮彫, relief**나 박공博栱, pediment***에 의한 조각도 발견되었는데, 이는 고대 문화에서 대부분 나라나 개인을 지키는 수호신의 이미지로 상징화되었고, '부적과 같은 의미'를 지녔다.[55]

헬레니즘 시기에는 이전의 그 어느 시대보다 조각상이 많이 제작되었다. 앞에서 언급하였듯이 이 시기의 조각상은 자국인들뿐 아니라 이방인 및 청년과 노인의 모습까지 담았고, 다양한 얼굴 표정을 통해 정서적 표현을 심화하였으며, 다각적인 시점에서 여러 가지 신체적 포즈를 표현함으로써 예술표현양식에서의 '혁신'을 이루었다.[56] 그리고 정치적 공동체나 신의 성소聖所보다는 개인적 후원자들의 취향과 기호에 영향을 받기 시작한다. 고전 시기만 하더라도 신전이나 공공건물들에서만 찾아볼 수 있던 신들의 모습은, 개인 사택의 정원과 거실에 자신들의 조상과 자신의 흉상의 모습으로 열 지어 배치되었다. 따라서 기원전 2세기 중엽부터는 예술작품을 만드는 데 있어 창조적인 작업보다 고전 시기의 작품들을 모방하는 작업이 성행하였음을 알 수 있다.

기원전 지중해 세계의 전체적인 문화적 흐름을 살펴보면 다음과 같다. 문

[55] 아크로폴리스의 파르테논에 새겨진 박공: 아테나가 모든 위협으로부터 도시국가를 수호한다는 부적과 같은 의미를 지니고 있다.

[56] 갈리아 병사의 자살(Suicide of a Gaul, 기원전 3세기): 죽은 아내를 붙잡고 자살하려는 병사의 모습

* 도자기나 귀금속의 바탕에 색이 다른 흙이나 칠보 따위의 재료를 입히는 기술

** 상이나 물체가 벽면에 돌출되도록 표면을 조각하는 기법

*** 고전 건축에서 八자 모양의 지붕 양 끝부분에 만들어진 지붕면과 벽에 의해 형성된 삼각형 공간

[57] 그리스 도기에 새겨진 화가의 사인: 그리스의 도기에는 도기를 주문한 주인의 이름 혹은 도기를 제작한 도공과 화가의 이름이 새겨져 있다. 예를 들면 "나는 운텔에 속한다. 운텔이 나를 만들었다."와 같은 문장으로 쓰여 있는데, 이로써 사물을 '나', 즉 1인칭으로 표현하는 것이 유행했음을 알 수 있다. 다시 말해, 당시 사람들은 이러한 사물들이 살아 있는 것이라 믿었기에 사물의 가장 윗부분에 이런 문장을 새김으로써 특별한 의미를 부여했던 것이다.

자의 발명과 함께 기록 문화가 등장하기 시작한 이집트와 메소포타미아, 이 두 문명권은 대립과 충돌, 조화와 변화의 과정을 통해 강력한 왕권 중심의 사회를 수립했다. 그리고 크레타를 거쳐 미케네 문명이 시작되면서 또 다른 이념적 변화를 맞이한다. 이집트는 절대왕권을 유지하기 위해서 창조신화의 이미지를 확산시킴과 동시에 거대한 문화유산을 제작하는 데 집착하게 되었다. 이러한 특징은 자연환경적으로 애초부터 중앙집권제가 성립될 수 없었던 그리스 초기 문명권의 예술표현양식에도 변화를 가져왔다.

이집트 시대에는 누구의 작품인지보다 '어느 왕조' 때 창조신화의 '어느 신'을 봉헌하고 의례를 치르기 위한 것인지가 더 중요했다. 그러므로 지금까지 남겨진 수많은 예술품들 중 제작자 개인의 이름을 알 수 있는 작품을 찾기란 쉽지 않다. 반면, 기원전 6세기의 그리스 도기에서는 화가의 서명과 도공의 서명이 함께 발견된다.[57] 또 일찍이 민주제도가 시작된 아테네를 중심으로 거의 연중 내내 열렸던 축제와 종교행사 역시 시민이라면 누구나 참석이 가능했고, 정치적 참여까지 할 수 있었다. 따라서 그리스 시대에는 석비에 죽은 이의 이름을 새길 수 있었을 뿐 아니라, 도시의 한 구역에 공동묘지가 존재하기도 하였다.

이처럼 문화와 예술표현양식의 변화를 통해서 우리는 '미의 개념'이 어떻게 변화해왔는지 추적할 수 있을 뿐 아니라 당시의 사회문화, 정치적 배경의 변화 등 더 폭넓게 그 시대를 이해할 수 있다. 따라서 자연환경과 함께 사회환경, 즉 종교와 신화, 철학, 정치, 경제, 문화, 예술이라는 영역에서 그 사회가 어느 요소를 더 부각시키려 했는지에 따라 그 시대의 문화와 예술의 이미지 코드가 결정된다고 해도 과언이 아니다.

(3) 남성과 여성의 이미지

이집트에서는 하늘을, 그리스에서는 땅을 다스린 창조신화 속 여신

과거에 표현된 이미지일수록 현대의 이미지보다 당시의 현실이 더 적극적으로 반영되어 그 사회와 더 많이 '닮아 있음'은 어느 시대를 막론하고 증명된 사실이다. 만약 이러한 고증학적 자료들이 존재하지 않았다면, 우리가 흔히 보게 되는 고대 문화를 주제로 한 영화나 문학작품 및 예술 모방품들은 세상에 나올 수 없었을 것이다. 이집트에는 왕족과 귀족 계급에 대한 이미지 기록이 수없이 많았다면, 그리스에는 역사 속에서 조명받지 못한 일반인들의 삶과 죽음에 대한 이미지 기록들이 많이 남아 있다. 그러므로 이러한 자료를 통해 '소통의 문화'가 어떠했는지 예측함으로써 이집트와 그리스의 문화적 차이를 밝혀낼 수 있는 것이다.

이집트와 그리스의 차이는 남성과 여성의 사회적 역할, 결혼제도에서 나타나는 남녀의 역할 배분에 대한 인식에서도 찾아볼 수 있다. 이집트 왕들은 순수 혈통을 유지하기 위해 왕족이 가족 중의 한 사람과 결혼하는 것을 꺼리지 않았는데, 이러한 경향은 이미 창조신화의 일면에도 나타난다.

하늘의 여신 누트Nut와 땅의 남신 게브Geb 사이에서 오시리스와 이시스, 세트Seth[58]와 네프티스Nephthys가 태어난다. 오시리스와 이시스는 어머니

[58] 고대 이집트의 악의 신, 세트의 이미지: 네모난 귀와 꼬부라진 코, 끝이 갈라진 꼬리를 가진 동물의 모습으로, 인간의 몸에 짐승의 머리를 하고 있다.

누트의 자궁에 있을 때부터 사랑하는 사이였으므로 결혼하게 되었고, 세트와 네프티스도 결혼을 하였다. 이렇듯, 신들의 세계에서도 혈족 간의 결혼을 권장하였으며, 신의 후계자라고 불린 파라오에게도 혈족 간의 결혼은 당연한 것이었다. 다시 말해, 혈통 유지를 위한 혈족 간의 결혼을 신화의 모티브를 통해 당연한 사실로 받아들여지도록 함으로써 지속적인 계승이 가능하게 한 것이라고 볼 수 있다.

또한 세트의 계략을 통해 결혼은 새로운 권력과 부를 생성하는 원동력이었음을 확인할 수 있다. 세트는 장차 새로운 신의 세계의 왕이 될 오시리스의 온 사지를 갈기갈기 찢어 시신을 수습할 수도 없게 사방에 뿌려 놓는다. 그걸로도 모자라 자신의 누이이자 형수인 이시스를 차지하고자 안간힘을 쓴다. 그것은 사랑을 위한 쟁탈이 아니라 신들의 왕이 되기 위한 첫걸음이었다.

기원전 1580년 테베를 중심으로 신왕국 시대가 시작된 지 60년 뒤에는 핫셉수트Hatshepsut가 파라오에 올라 22년간 이집트를 통치하였다. 핫셉수트는 여느 파라오와 다를 바 없는 업적을 남겼지만, 이집트 역사상 유일하게 '남장을 한 여성 파라오'였다.[59], [60] 그 당시 파라오는 나이와 상관없이 남성이어야만 했던 불문율이 존재했기 때문이다. 그녀는 기원전 1503년 그의 남편인 투트메스 2세Thutmes II의 죽음으로 그의 조카이자 의붓아들인 6살의 투트메스 3세와 결혼하여 섭정정치를 하다 자신의 얼굴에 수염을 붙이고 남자 복장을 하여 파라오로 등극한다. 어린 투트메스 3세를 멀리 떠나보내고 긴 시간 동안 이집트를 평정하였지만, 투트메스 3세가 자라면서 세력을 키우게 되자 결국 그의 손에 죽임을 당하고, 그녀가 남긴 많은 신전과 조상造像 등은 모조리 파괴되었다.

절대군주 사회에서는 정략적인 계약에 의한 결혼이 우선되었으며, 이러한 사회적 패턴은 파라오의 운명까지 좌우하였다. 그리고 마지막 왕조인 프톨레마이오스Ptolemaeus 시기의 클레오파트라까지, 이집트신화의 계보는

[59] 핫셉수트의 장지(葬地)와 함께 그녀에 대한 기록들도 발굴되었다.

[60] 핫셉수트는 종교행렬이나 신년행사 등 다양한 공식적 행사에서 언제나 수염을 단 남장의 모습으로 등장했다.

쭉 계승되었다. 신과 왕족의 세계에서는 남성과 여성에 대한 사회적 편차가 존재하지 않았다. 창조신화에서도 하늘의 신 누트는 여신이지 않았는가.[61] 이는 지중해 문명권에서는 존재하지 않았던 새로운 모티브이다.

그리스신화에서는 하늘의 신이 남신 우라노스, 땅의 신이 여신 가이아였듯이 이는 남성은 하늘, 여성은 땅이라는 생명의 근원적 모티브를 상징하고 있다. 그러나 이집트신화에서는 여성을 하늘과 동일시하고 있다. 저녁의 태양을 삼키고 아침의 태양을 탄생시키는 하늘은 모든 생명의 근원지였으며, 밤의 이미지이기도 했다. 우린 여기서 이집트 사회에서는 모계사회의 문화가, 그리스 사회에서는 부계사회의 문화가 강했음을 알 수 있다.

우린 앞서 비너스의 이미지를 통해 수렵사회에서는 생명력에 대한 집착과 번식력에 대한 열망으로 하늘의 신이 '지모신' 혹은 '대지의 여신'으로 숭배되었음을 확인하였다. 그러나 농경사회가 시작되면서 씨앗을 품고 새 생명을 탄생시키는 대지가 새로운 생명을 잉태하는 여성을 상징화하게 되자 여신은 하늘에서 땅으로 내려온다. 이집트의 하늘의 여신 누트는 언제나 그 자리에 있는 것이 아니라 낮과 밤의 사이클을 따라 운행하는, 즉 생명을 삼

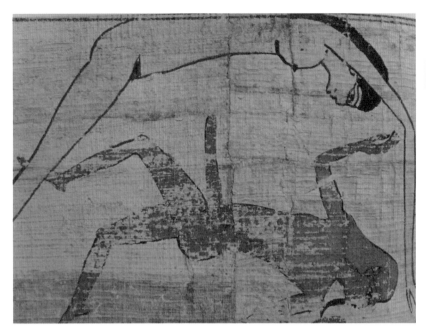

[61] 이집트신화의 하늘의 여신 누트(왼쪽)와 그리스신화의 땅의 여신 가이아(오른쪽)

켰다가 다시 토해내는 수렵사회의 강인한 지모신의 모습과 닮아 있다. 반면 그리스신화에서는 혼돈(카오스)에서 세상이 시작되고 땅의 여신 가이아가 등장한다. 따라서 강인하고 사나우며 생명을 번식시키는 수렵시대의 여신이 그리스에서는 농경사회의 도래로 보다 포용적이고 모든 생명을 품는 대지를 관장하는 여신으로 변화함을 알 수 있다.

남녀노소를 위한 이집트의 축제, 남자 배우만 등장하는 그리스의 연극

하지만 모든 영역에서 남녀에 대한 구분이 뚜렷했던 것은 아니었다. 남성과 여성의 경계가 결혼제도에서처럼 분명하게 사회적으로 명시되는 경우도 있지만, 축제나 게임에서는 남녀 모두 하나의 공동체로 받아들여졌던 흔적도 존재한다. 예를 들어 창조신화를 토대로 파라오 즉위 30주년이 되는 해에 열렸던 헤브 세드Heb-sed는 이집트인들의 '공동체 축제'였다. 춤과 음악이 함께 어우러져 축제의 분위기가 무르익으면 파라오는 자신의 나이와 무관하게 육신과 정신이 건강하다는 것을 과시하는 행위를 보여주었으며, 수많은 이미지 기록을 통해 개인적이고 정치적이며 영적인 축제와 행사들을 묘사하곤 하였다. 이집트인들의 '음악 테라피'는 이미 널리 알려진 것처럼 고대에서부터 성행한 향기 테라피와 더불어 음악의 진동수가 외파수를 진동하여 긴장을 완화함으로써 심신의 조화와 치유를 촉진시키기 위한 것이다.[62] 또한 신들을 찬양하는 손짓과 신체의 특별한 움직임을 결합한 '명상의 춤'도 규칙적으로 행해졌다. 그들은 일상생활에서도 자신들만의 즐거움과 행복을 찾기 위해 노력했으며, 이러한 사실은 헤로도토스의 기록에 의해서도 확인된다.

그러므로 이집트에는 특권층만이 아니라 대중들 사이에서도 인기를 끌었던 오락도 있었는데, 그중 대표적인 것이 '세네트senet'라 불리는 보드게임이다.[63] 현대의 체스처럼 판 위에서 말을 움직여 즐기는 게임으로, 계급과 남녀노소를 불문하고 즐겼던 오락 문화이다. 그 외에도 구멍이 뚫린 놀이판 위에서 막대기들을 앞으로 전진시키는 '개와 자칼의 놀이', 똬리를 틀고 있는 뱀과 눈금이 새겨진 판 위에서 사자 모양의 작은 말을 가지고 즐기는 '뱀 놀이'도 있었다. 어린아이들은 나무로 된 작은 감, 팽이, 인형, 헝겊, 그리고 가죽으로 된 공을 가지고 놀았다. 이렇듯 이집트 사회의 놀이 문화에서는 남성과 여성의 문화가 뚜렷이 구분되는 흔적이 드러나지 않는다. 이를 통해 인류가 수렵 생활에서 갓 벗어나 농경을 시작할 무렵까지는 강력한 부권 사회가 아니었던 것으로 추정할 수 있다. 마치 오시리스를 부활시킨 이시스의 극진한 사랑처럼, 남성과 여성이 서로의 사회적 역할을 존중함으로써 '남성성'과 '여성성'이 조화로운 관계를 이루었음을 알 수 있다.

초기 그리스 시대에는 신들의 계보와 영웅들의 모험담이 주를 이루다 점차 공공장소에서 개방적으로 이루어진 의사소통의 문화와 함께 개인에 대한 존중을 중시하는 사회적 윤리가 형성되었다. 한 개인의 훌륭한 행보는 타인들의 귀감이 되었기에 전쟁터에서 젊은 나이로 목숨을 잃은 전우들을

[62] 헤브 세드 축제에서 음악을 연주하는 여(女) 악사들

[62] 헤브 세드 축제에서 음악을 연주하는 여(女) 악사들

[63] 세네트 게임을 즐기고 있는 네페르타리 여왕(Nefertari, 람세스 2세의 왕비)의 모습

[64] 무명의 참전용사들을 기념하기 위해 세운 추모비(기원전 5세기경, 오른쪽): 병사가 해안선 앞에서 투구를 벗고 앉아 있는 모습으로, 바다를 건너 자신의 고향으로 돌아가기 위해 전쟁터에서 열심히 목숨을 바쳐 싸웠던 군인들의 넋을 기린 이미지이다.

[65] 알에서 태어나는 에레크테이온(Erechtheion)의 탄생과 신화의 이미지를 극화하여 무대에 올린 연극 공연의 이미지: 여기서도 남자 배우들이 여성의 역할까지 연기하였다.

[66] 전쟁터로 떠나는 남자를 배웅하는 아버지와 그의 아내: 아내는 종교예식 때 쓰이는 제주(祭酒) 용기에 포도주를 부어 그들이 무사히 돌아올 수 있도록 의식을 치르고 있고, 아들과 아버지는 오른손으로 악수를 나누며 무사귀환을 기원하고 있다.

위한 기념비가 세워졌고[64], 도기마다 그들의 죽음을 애도하는 이미지들이 앞다투어 기록되었다.

　　최초의 회화적 이미지(이동 가능한 캔버스에 그린 이미지를 말함)는 고대 그리스의 도기 화면에서 시작된다. 화가들이 보고 듣고 느낀 여러 이야기 혹은 주문을 받는 장면을 새겨 넣은 도기들은 아고라 시장을 통해 많은 이들의 수중으로 들어갔다. 그리스인들의 집에 초대된 손님이라면 누구나 수십 많게는 수백에 이르는 도기화를 보고 집주인의 개인적 취미와 문화적 성향을 어렵지 않게 알 수 있었을 것이다. 즉, 공공건물과 사택 등 두 건축물의 용도 및 장식적 요소에 따른 차별적 묘사를 통해 그 시대에 대한 사회문화적 접근이 가능하다. 또한 시대별·계절별·성별·연령별·신분별 의상과 신발, 머리 매무새, 장신구와 같은 '작은 오브제'를 통해 일상사 역시 연구의 대상이 될 수 있다.

　　그리스에는 이집트에서는 볼 수 없었던 놀이 문화가 존재했는데, 바로 노천극장의 공연 문화이다. 그리스 시대 초기에 열린 노천극장의 공연에서 여자 배우는 등장하지 않았으며, 남자 배우들이 여성의 역할까지 함께 연기하였다.[65] 이것은 단순히 연극 상연에만 국한된 현상이 아니다. 그리스 사회

는 인류 사회문화의 패턴이 모계사회에서 부계사회로 전환되는 시점으로, 농경생활의 시작과 동시에 사람들이 한 지역에 오래 안정적으로 정착하게 됨으로써 남성과 여성의 역할이 엄격하게 구분되었다.

이전의 문화권에서는 사냥과 목축, 국책사업을 위해 동원된 사람들이 오랜 외지생활을 할 수밖에 없었다. 그러다 자신이 태어난 곳에서 성장하고 교육받으며 결혼하여 자녀까지 키울 수 있게 된 인류는 이제 자신만의 권리와 더불어 새로운 가족 구성원에 대한 책임을 지게 된다. 평상시엔 사냥을, 전쟁 시엔 전투를 담당했던 남성들은 안정된 정착생활을 하게 되면서 전쟁에서 세운 업적을 바탕으로 그들의 사회적 지위가 바뀔 수 있었다. 훗날 이러한 양상은 보다 강력한 부계 중심의 사회문화로 계승된다.[66]

결혼 문화에서도 그 사실을 확실히 뒷받침하는 예를 찾아볼 수 있다. 그리스인들의 결혼은 남성 대 남성의 구두 약속에서부터 출발하였다. 즉, 여성의 친정아버지와 예비 신랑 간에 의사결정이 이루어지면 여성에게 일방적으로 통보함과 동시에 결혼이 성립될 수 있었다.[67] 농경사회는 부권 강화로부터 출발하였고, 결혼제도는 곧 '부권의 재산권'으로 통용되어 여성들은 결혼과 동시에 남편의 재산으로 소유되었다.[68] 또 여성은 아이를 출산하고 자녀가 학교에 들어가기 전까지 집에서 자녀교육과 경제를 담당하는 것이 미덕으로 여겨졌다.[69]

[67] 결혼 첫날밤의 이미지(위): 갓 결혼을 한 신부가 베갯머리가 보이는 침실로 들어가지 못한 채 문 밖에 앉아 있고, 그런 그녀의 마음을 아는지 모르는지 신랑은 혼수 때 가지고 온 여러 혼숫감을 펼쳐 보이며 신부의 마음을 달래고 있다. 이 이미지는 첫날밤에 여성들이 갖게 되는 심리를 잘 표현하고 있다.

[68] 그리스 고전 시기의 결혼식 행렬을 묘사한 이미지

[69] 어머니가 아이를 돌보고 있는 이미지

[70] 고대 리디아왕국의 수도 사르디스 (Sardis)의 묘비석(기원전 4세기경): 여기 쓰인 'M'은 Muse(뮤즈)를 상징하는 것으로 이미지 속 여성의 이름 (Menophil)에서 온 것이다. 뿐만 아니라 한 권의 책은 그녀가 지혜로웠음을, 책이 머리 위에 놓인 것은 그녀가 제사장과 같이 오직 세상에 하나뿐인 존재였음을 말해준다. 그리고 실타래를 담은 바구니는 그녀의 숭고했던 덕을 칭송하며, 한 송이의 꽃이 그녀가 아름다운 젊음을 영원히 간직하길 바라는 바람을 상징화한 것이다.

[71] 공기놀이를 즐기고 있는 여성들의 이미지

고대 그리스의 여성은 오직 가사노동에만 집중했다?

그리스 여성들에 대한 20세기 초까지의 연구 논문을 보면, 여성의 역할이란 인간 생명의 탄생과 그 유지에 힘쓰는, 주로 자연중심적인 것이었다. 여성들이 아이를 낳고 양육할 동안 남성들은 사냥과 스포츠, 전쟁 등과 같은 인체의 근육을 키우는 육체적인 활동에 에너지를 쏟아부었다. 즉, 남성들은 힘겨루기 대회, 지혜겨루기 놀이, 우승자 결정 놀이 등과 같이 계급과 서열을 나누는 것을 중시하였다.

그러나 남겨진 문자 기록에만 의존하여 그리스 여성의 사회적 역할과 권리를 논한다면, 19세기의 연구에만 머물러 있게 될 것이다. 제2차 세계 대전 후 지중해의 여러 곳에서 수집된 이미지 기록은 여성들의 삶과 죽음을 재조명하는 결정적인 계기를 만들었다. 만약 여성들이 당시의 사회문화로부터 소외된 삶을 살았다면, 그녀들을 위해 정성스럽게 만든 석비[70]나 여성들의 놀이 문화[71]를 표현한 도기는 발견될 수 없었을 것이다. 부권 중심 사회에서 남자는 전쟁에 참여하여 용감한 죽음을 맞이하는 것이 살아 돌아오는 것보다 더 큰 가문의 영광이었고, 이는 죽은 이들을 위해 남긴 석비 이미지에 잘 드러나 있다. 이러한 사회적 분위기에서 여성의 삶을 조명한 석비가 등장하였다는 것은 그리스 사회의 새로운 단면을 보여준다. 전쟁에서의 명예로운 죽음도, 올림픽 경기에서 육신의 건장함을 보여주지도 않은 한 여성의 조용한 삶을 이미지로 대변하였다는 것은 남성의 사회적 역할의 중요성만큼이나 결혼한 여성들의 경제적 역할도 그리스 사회에서 큰 몫을 했음을 드러낸다.

물론 제도화된 문서 기록에 의하면 여성들에게는 투표권이 주어지지 않았으며, 그들은 그저 단순한 가사노동에만 집중한 것으로 나타나 있다. 하지만 이미지 기록은 결혼 전의 여성들이 남성들처럼 일률적으로 정기교육의 혜택을 받지는 못했음에도 각 가정마다 여성을 위한 교육은 분명히 있었으며, 단지 편차가 있었을 뿐이라는 사실을 보여준다. 도기에는 여성들이

[73] 그리스의 장례식 이미지: 집안에서 가장 나이가 많은 여성이 머리를 풀고 곡을 시작함으로써 장례식은 시작되었다. 이러한 사실들은 문서 기록에선 찾아볼 수 없으나, 이미지 기록이 발견됨으로써 실증되었다.

개인수업을 통해 음악이나 시, 철학 등에 관한 기본적인 시민교육을 받은 흔적과 함께 음악경연대회를 준비하는 이미지가 등장하기 때문이다.[72]

이미지 기록을 통해 우리는 그리스의 여인들이 음악과 시, 베틀 짜기 등을 익히며 성스러운 종교의식에 참여하고 새로운 삶을 기다리다 14~15세가 되면 결혼을 하였던 것을 알 수 있다. 그리고 결혼 이후에는 생명 및 죽음과 관련된 문제에 주도적으로 참여하면서 교육 및 장례 문화 등을 적극적으로 이끌어가게 된다.

사람이 죽으면 즉시 집이나 마을에서 가장 나이가 많은 여성이 머리를 풀고 곡을 하여 그 집안의 죽음을 온 동네에 알렸다. 연장자의 곡소리를 따라 집안의 모든 여성들이 함께 머리를 풀고 곡을 하면 장례식이 시작되고, 남성들은 집 안팎에서 문상객들을 맞이하거나 배웅하였다.[73], [74] 마치 구석기시대의 샤먼처럼 그들 역시 죽음을 관장함으로써 생명의 갱신과 재생을 통한 두려움과 공포로부터의 해방과 부활을 꿈꾸었던 것이다.

이처럼 그리스 사회의 전반적인 정치, 경제 등 사회문화의 외관상의 얼굴은 남성들이 그리고 있지만, 그 내면에 깔려 있는 삶과 죽음에 관한 문제는 여성들에 의해 다루어졌다. 자녀양육과 교육, 삶의 철학과 윤리적 문제

[74] 시신 앞에서 곡을 하는 여성들의 이미지

[75] 어린이 놀이 문화를 알 수 있는 이미지. 기원전 7~6세기

에 있어서는 언제나 여성이 앞장섰고, 이러한 경향은 현대 유럽의 가족 문화에서도 여전히 찾아볼 수 있다. 또 어머니의 역할이 중시된 사회라면 어린이 문화 역시 성숙했으리라고 미루어 짐작할 수 있을 것이다. 어머니와 자식은 이미 신화의 세계에서 보았듯이 떼려야 뗄 수 없는 관계이기 때문이다. 기원전 8~7세기경에는 이미 여러 종류의 어린이 장난감이 존재했으며, 이를 통해 놀이 문화 역시 다양했음을 알 수 있다.[75]

지금까지 건축과 조각, 벽화나 회화 등을 통하여 이집트와 그리스 문화의 일면을 비교해보았다. '소리 문화'에서 '글 문화' 및 '이미지 문화'로 바뀌어가면서 인류는 보다 다양한 사고를 하고, 서로 간에 시공간을 넘어선 의사소통까지 가능하게 되었다. 아무런 생명체가 살지 않는 대륙의 끝이라 할지라도 하나의 이미지나 오브제가 발견된다면, 이는 또 다른 문화의 자취를 찾아낼 수 있는 단서가 될 수 있다. 어느 집단이든 사회문화의 주체는 남성과 여성이다. 과거로부터 현재 그리고 미래까지 이 두 집단의 연관관

계에 의해 탄생한 신화와 전설, 종교와 철학, 계급, 개인과 단체, 예술과 문학, 그리고 이들을 통해 나타난 이미지들이 만들어내는 문화 사이클은 영원히 지속될 것이다.

문화강국으로 거듭나기 위한 시선,
우리는 과연 누구인가

　'문화'란 무엇인가? 또 '문화의 원형'이란 무엇이며 '문화콘텐츠'와는 어떻게 다른가? 21세기 한국 사회의 뜨거운 감자, 문화에 대한 의문은 꼬리에 꼬리를 물고 있다. K-POP이 동남아시아를 넘어 유럽까지 술렁이게 한다는 여러 보도들을 접하며, 우리 문화의 어떤 부분이 멀리 떨어진 그들까지 들뜨게 만들었나 생각하지 않을 수 없다. 현 인류가 기억하는 세계 문화의 중심은 유럽에서 북미 아메리카 대륙까지가 전부인 셈인데, 동남아시아의 작은 반도국가에, 그 안에서도 남북 분단이라는 아픔을 겪고 있는 작은 나라 '코리아'가 가진 문화의 잠재력은 무엇일까?

　한국은 일본의 식민지에서 막 벗어나 근대화를 시작하기도 전에 또다시 남북전쟁을 겪어야 했다. 광복 이후로는 문화의 재생산과 발견, 원형 복구 등과 관련된 연구를 통해 '우리는 누구인가'라는 질문을 던지기보다 의식주를 해결하는 일이 훨씬 더 절실했던 것이 우리의 역사다. 따라서 이제 막 의식주에 대한 두려움과 공포로부터 벗어나기 시작한 우리가 새롭게 눈을 뜨고 있는 것이 바로 '문화', '문화원형', '문화의 재발견', '문화 DNA'라는 사실은 결코 새삼스러운 일이 아니다. 그렇지만 근대화가 우리도 모르는 사이 진행되어버렸듯, 문화에 대해 어떻게 접근해야 하는지 이야기하기엔 막막하고 왠지 쑥스럽기까지 하다. 또 단시간 내에 '문화의 정체성'을 찾는 일이 그다지 쉬워 보이진 않는다.

나는 이 책을 통해 이러한 혼란에서 벗어나 문화의 정체성을 찾기 위한 방법을 조심스럽게 내어놓았다. 물론 한마디로 깔끔하게 정리된 해답을 제시할 순 없지만 '이미지 인류학'의 접근 방법을 통한 새로운 시도는 가능하리라 본다.

우리는 초기 인류가 남긴 대표적인 이미지와 그것의 상징에 관한 연구를 통해 그들이 문화를 갖게 된 배경과 더불어 그 배경이 어떻게 변화해왔는지 알 수 있었다. 우선 후기구석기시대의 '예술의 중심지'에 위치한 라스코 동굴벽화를 비롯하여 빌렌도르프의 비너스 등을 통해 이들 이미지에 내재된 인류의 근원적 심성과 문화의 원형을 살펴보았다. 그리고 오랜 구석기시대의 수렵사회와 이를 종결시킨 농경사회, 신석기시대의 황금기였던 이집트 문명과 그리스 문명의 문화적 요소를 비교하며 문화에 있어 다양한 패턴들이 나타나는 원인과 그 결과물을 보았다.

앞서 언급하였지만 이 두 문명권을 비교한 것에는 또 하나의 의도가 숨어 있었다. 이것은 서양 문화의 근원지라 일컫는 그리스 문화를 '바로' 알리기 위한 작업이었다. 즉, 신화와 종교, 예술, 정치, 경제 등의 영역에서 서구 사회의 문화원형 그 저변을 형성했던 이집트 문명의 영향을 직간접적으로 받으면서도 그리스인들이 그들 나름의 또 다른 문화를 형성해간 과정을 밝히고자 한 것이다. 서양 문화의 올바른 형성 과정에 대한 이해는 앞으로 우리 문화의 방향을 설정하는 데 적잖은 영향을 줄 수 있을 것으로 보이기 때문이다.

결국 완벽하게 새롭고 창조적인 문화는 존재하지 않으며, 새로운 재현과 해석만이 존재할 뿐이다. 그렇다면 현존하는 한국의 이미지들이 갖고 있는 상징성에 대한 연구를 통해서도 반복되고 재현되는 이미지 코드를 찾아내고 우리만의 '문화원형'까지 재발견할 수 있을 것이다. 그런 시도를 통해 새로운 눈을 뜨게 됨과 동시에 그동안 곁에 있어도 보이지 않던 빛나는 보석

[1] 2008년 세계자연유산에 등재된 멕시코 미초아칸 주의 '나비의 성지', 즉 울창한 소나무, 떡갈나무 숲과 호수로 둘러싸인 나비들의 순례지. 매년 11월과 3월 사이 캐나다 남서부에서 제왕나비가 약 4,000~5,000km를 날아와 겨울을 나고 가는 연평균 8~22도의 천혜(天惠)의 장소. 미초아칸 주의 인디언인 뿌레뻬차(Purepecha)의 고장. 인디언들은 이곳을 '망자의 영혼이 모이는 곳'이라고 부른다.

들이 하나둘씩 영롱한 빛을 발하고 있는 모습을 점차 발견하게 될 것이다.

멕시코 중서부의 미초아칸Michoacán 주에는 해마다 겨울이면 수만 마리의 제왕나비가 날아온다.[1] 캐나다에서 태어난 제왕나비는 겨울을 나기 위해 4,000~5,000km를 날아 멕시코에 도착하여 다시 고향인 캐나다로 귀향하는데, 이 기간 동안 무려 3대에 걸쳐 날아야 한다. 작고 부서지기 쉬운 날개로 인간이 여행하기도 벅찬 그 긴 구간을 여행하는 목적은 단 하나, 바로 '삶'을 위해서이다. 그러나 고된 여행 탓에 '생'을 위해 찾은 목적지 멕시코는 '죽음'을 맞이하는 신성한 장소가 되기도 한다.

우리가 찾아야 할 문화원형이 있고
지켜야 할 문화가 있다면,
우리 세대에선 보이지 않는 날갯짓이 될지언정
끊임없이 쉬지 않고 세대를 이어 지속되어야 할 것이다.
제왕나비의 쉼 없는 여린 날갯짓처럼.

우 성 주

부록

주

01   Parramón´s Ediciones Team, Cómo Reconocer Estilos(Parramón Edicions, S.A., 1996), pp. 6~11.

02   Mircea Eliade, Patterns in comparative religion, 이은봉 역, 《종교형태론》(한길사, 1996), pp. 89~93.

03   Brigitte et Gilles Delluc, Connaitre Lascaux, Sud Ouest(Paris, 1989), pp. 15~17.

04   우성주, 《역사문화와 이미지 코드분석》(두레미디어, 2006), p. 9.

05   Brigitte et Gilles Delluc, Connaitre Lasvaux(Paris, 1989), p.57.

06   일부 애니메이션 작가들의 경우, 이 시대에 이미 애니메이션의 원리가 등장하였다고 평가하기도 한다. 참조. Lancelot Hogben, A Kaleidoscope of Human Communication(1949), 김지운 역, 《동굴벽화에서 만화까지》(커뮤니케이션북스, 2007).

07   Golan, Ariel. Myth and Symbol : Symbolism in Prehistoric Religions(1993), 정석배 역, 《선사시대가 암긴 세계의 모든 문양》(푸른역사, 2004), pp. 90~92.

08   Vialou, D. L´art des Cavernes. Les sanctuaires de la préhistoire,(Paris, 1987), pp. 67~70.

09   Brigitte et Gilles Delluc, Connaitre Lascaux, Sud Ouest,(Paris, 1989), p. 24.

10   Breuil, H. et Obermaier, H. "Les premières travaux de l´Institut de Paléontologie Humaine", en L´Anthropologie, XXIII(Paris, 1912), p. 49.

11   신석기시대의 신화 속 세계에서 발견되는 이러한 뿔의 상징성에 관한 편린은 오늘날 현대인들의 모습에서도 발견된다. 예를 들어 사슴뿔을 건강식품으로 여겨 이에 집착하는 등의 행동은 수렵인들이 갖고 있던 강인한 생명력의 상징이 잔존하고 있는 것으로 볼 수 있다.

12   Eliade, Mythes, rëves et mystère(Paris, 1957), 강응섭 역, 《신화, 꿈, 신비》(숲, 2006), p. 35.

13   Leroi-Gourhan, A. Préhistoire de l´art occidental(Paris, 1965), p. 44.

14   Eliade, Le chamanism et les techniques Archaïques de l´extase(Paris, 1951), 이윤기 역, 《샤마니즘》(까치, 2003), pp. 412~413.

15   Leroi-Gourhan, "Iconographie et interpretation", en Valcamonica Symposium 72(Paris, 1975), pp. 48~49.

16 Eliade, Myth and Reality(1963), 이은봉 역, 《신화와 현실》(한길사, 1996), pp. 34~35.

17 Vialou, D. L´art des Cavernes. Les sanctuaires de la préhistoire(Paris, 1987), p. 71.

18 Ruspoli, M. Lascaux, un nouveau regard(Paris, 1986), p. 17.

19 Durand, Gilbert. L´imagination symbolique(Paris, 1964), 진형준 역, 《상징적 상상력》(문학과 지성사, 1983), p. 56.

20 Eliade, The Sacred and the Profane, The Nature of Religion(1959), 이동하 역, 《성과 속》(학민사, 2006), p. 134.

21 Ignacio Barandiarán, Joaquin González Echegaray Y Félix González Cuadra, "Grabados de la Cueva de Hoz", (in Actas del Symposium Internacional Sobre Arte Prehistórico) Altamira Symposium, Ministerio de Cultura, Madrid, 1980, p.126.

22 구석기시대의 이미지는 문자와 같은 역할을 했을 뿐 아니라, 형태나 크기, 선의 굵기와 색 등으로 메시지를 전달한다.

23 《사자의 서》(Book of the Dead)에서 죽은 영혼.

24 1978년과 1979년 산탄데르 대학의 바란디아란(Barandiarán) 교수팀에 의해 심화연구가 진행되었으며, 이후에도 세계 각지의 유명 연구소와 대학 연구팀에 의해 지속적으로 연구되고 있다.(Echegaray, p. 251)

25 라스코 동굴벽화에 등장하는 샤먼은 남성의 모습을 하고 있지만, 기원전의 14000년경 중앙아라비아 암각화와 기원전 3000년경의 알아인 암각화에 새겨진 '긴 머리의 영혼'에서 알 수 있듯이 신석기시대로 접어들면 여성 샤먼도 등장하기 시작한다. 본서 p71 참고.

26 춤은 원래 신성한 것으로, 이에는 초인간적인 모델이 존재했다. 상례로 춤을 추는 목적은 양식을 얻거나 죽은 자를 기리는 것, 혹은 '우주'의 올바른 질서를 지키려는 것으로, 입문의식이나 종교·주술적 행사 또는 결혼식에서 행해졌다. 춤 동작은 토템이나 상징적 동물의 동작, 또는 천체의 움직임을 재현한 것으로, 그 자체가 의례의 동작이 되었다. 라스코 동굴의 800점에 달하는 동물 이미지의 포즈는 이러한 춤과도 연결되며, 모든 춤은 언제나 '원형적인 동작'을 모방하거나 신화적인 순간을 기리는 것이다.

27 이러한 의식의 흔적은 그리스 시대에 노천극장 공연에서 희비극 배우들이 긴 막대신발을 신고 그것을 가리는 긴 의상을 착용했던 것에서뿐만 아니라, 현대 프랑스 아비뇽의 '세계 연극축제'에서도 찾아볼 수 있다.

28 Durand, Gilbert. L´imagination symbolique(Paris, 1964), 진형준 역, 《상징적 상상력》(문학과 지성사, 1983), p. 89.

찾아보기

ㅎ

이미지로 생각하는 인간, 호모 이마고

2013년 4월 5일 1판 1쇄 박음
2013년 4월 5일 1판 1쇄 펴냄

지은이 우성주
펴낸이 김철종

편집이사 이선애
책임편집 변민아
디자인 이명옥
일러스트 이명옥
마케팅 오영일, 유은정, 정윤정

펴낸곳 (주)한언
주소 121-854 서울시 마포구 신수동 63-14 구프라자 6층
전화번호 02)701-6616 **팩스번호** 02)701-4449
전자우편 haneon@haneon.com **홈페이지** www.haneon.com
출판등록 1983년 9월 30일 제1-128호
ISBN 978-89-5596-659-6 03900

글 ⓒ 우성주, 2013
저자와 협의 하에 인지 생략

Our Mission – 우리는 새로운 지식을 창출, 전파하여 전 인류가 이를 공유케 함으로써 인류 문화의 발전과 행복에 이바지한다.

– 우리는 끊임없이 학습하는 조직으로서 자신과 조직의 발전을 위해 쉼 없이 노력하며, 궁극적으로는 세계적 콘텐츠 그룹을 지향한다.

– 우리는 정신적, 물질적으로 최고 수준의 복지를 실현하기 위해 노력 하며, 명실공히 초일류 사원들의 집합체로서 부끄럼 없이 행동한다.

Our Vision 한언은 콘텐츠 기업의 선도적 성공 모델이 된다.

저희 한언인들은 위와 같은 사명을 항상 가슴속에 간직하고
좋은 책을 만들기 위해 최선을 다하고 있습니다.
독자 여러분의 아낌없는 충고와 격려를 부탁 드립니다.

· 한언 가족 ·

HanEon's Mission statement

Our Mission – We create and broadcast new knowledge for the advancement and happiness of the whole human race.

– We do our best to improve ourselves and the organization, with the ultimate goal of striving to be the best content group in the world.

– We try to realize the highest quality of welfare system in both mental and physical ways and we behave in a manner that reflects our mission as proud members of HanEon Community.

Our Vision HanEon will be the leading Success Model of the content group.